스크래치 3.0
Lesson ❸

영재스쿨(3)스크래치3.0 자료 다운로드 방법 ┈┈▶
다음 페이지

렉스미디어 자료 다운로드 방법

1 렉스미디어 홈페이지(http://www.rexmedia.net)에 접속한 후 **[자료실]-[대용량 자료실]**을 클릭합니다.

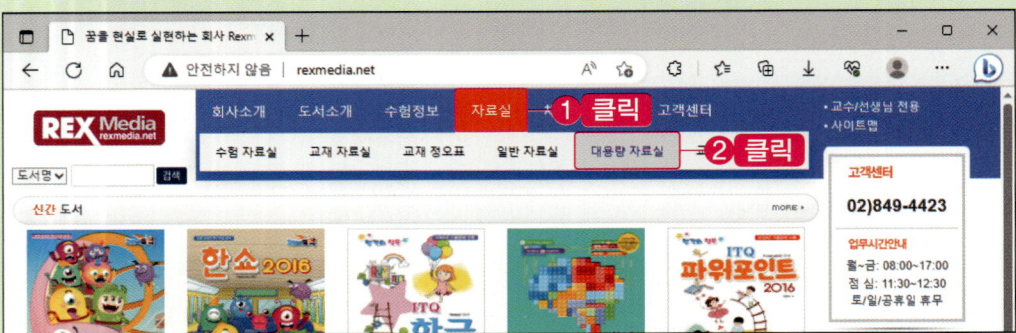

2 렉스미디어 자료실 페이지가 표시되면 **[영재스쿨]** 폴더를 클릭합니다.

3 영재스쿨 관련 페이지가 표시되면 **[영재스쿨(3)스크래치3.0.exe]** 파일을 클릭합니다.

렉스미디어 자료 다운로드 방법

4 파일 다운로드가 완료되면 [파일 열기]를 클릭합니다.

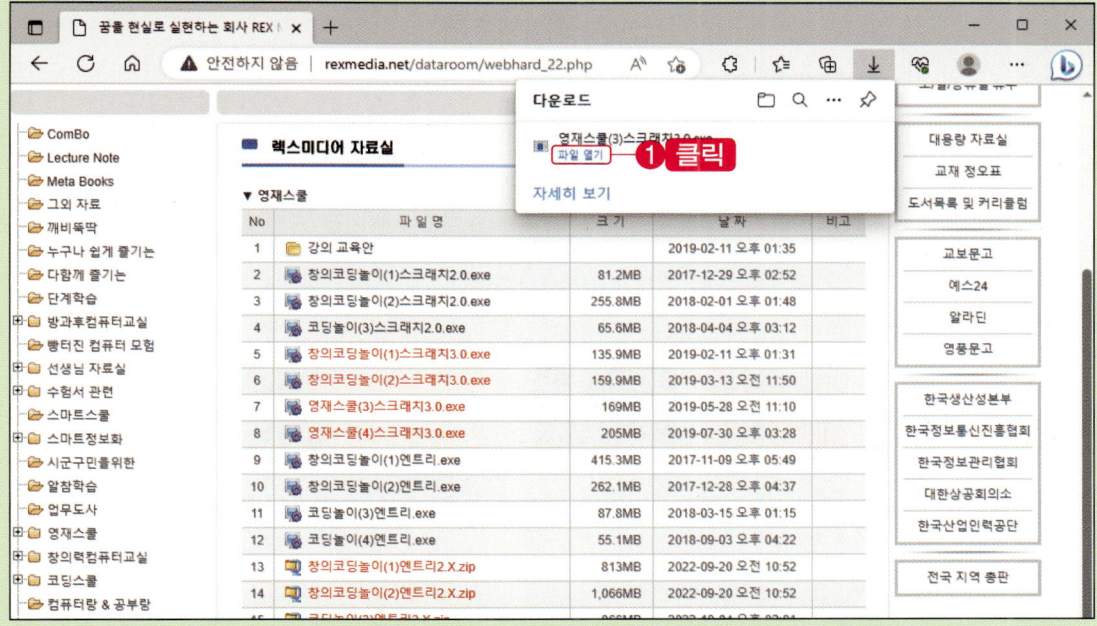

5 파일 탐색기가 실행되면 영재스쿨(3)스크래치3.0 자료를 확인합니다.

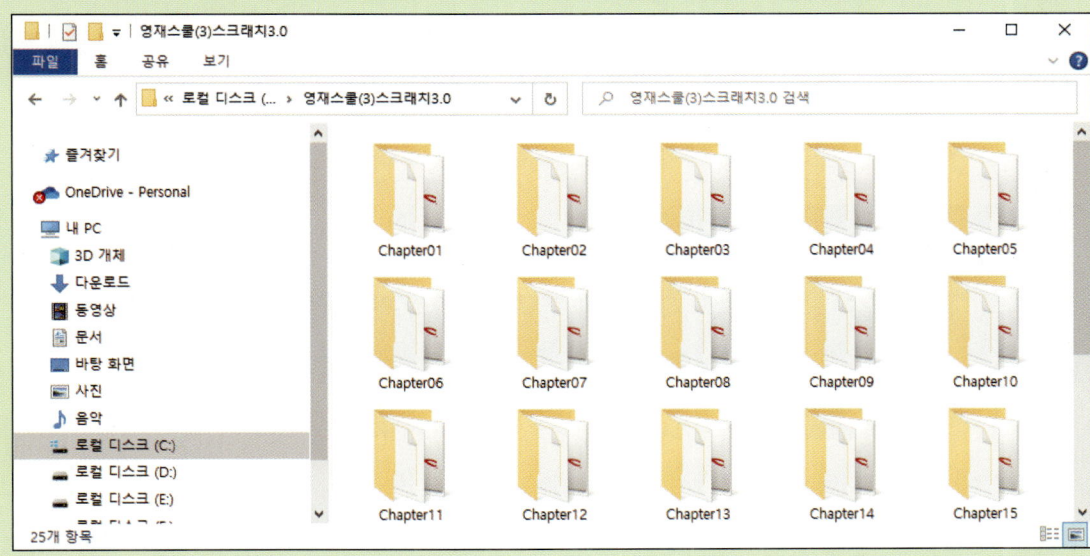

장별로 제공되는 폴더에는 예제 및 완성 파일과 함께 '창의력 향상문제'의 정답 등이 포함되어 있습니다.

스크래치 오프라인 다운로드 및 설치하기

스크래치 프로그램은 스크래치 사이트에서 직접 실행하거나 오프라인 프로그램을 다운로드 받아 컴퓨터에 설치하여 실행할 수 있는 2가지 방법이 있습니다.

1 크롬을 실행한 후 스크래치 사이트(https://scratch.mit.edu)에서 아래로 이동한 다음 메뉴 목록에서 **[다운로드]**를 클릭합니다.

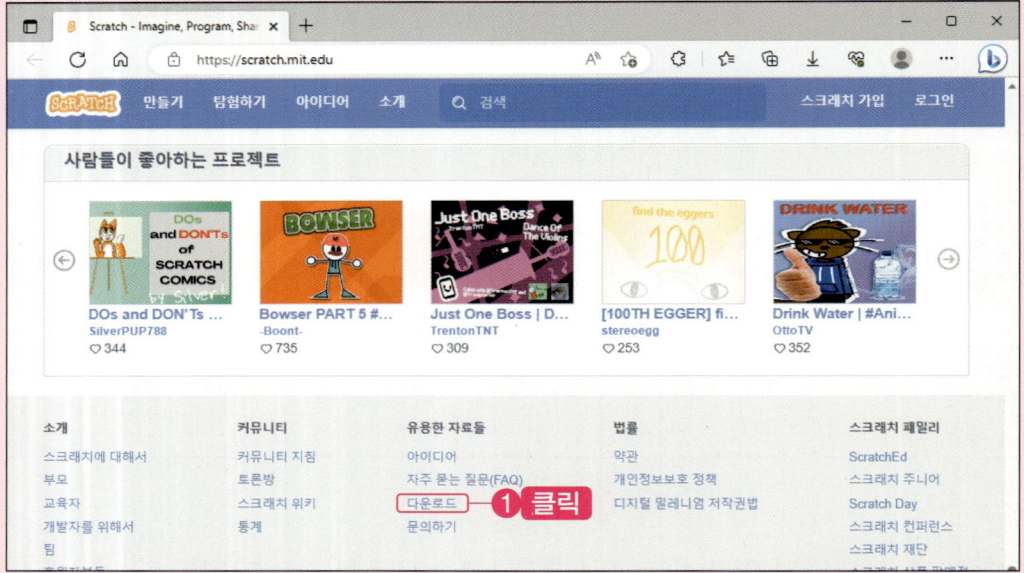

2 스크래치 3.0 다운로드 화면이 표시되면 컴퓨터 운영체제에 따른 **[바로 다운로드]**를 클릭한 후 다운로드가 완료되면 **[파일 열기]**를 클릭합니다.

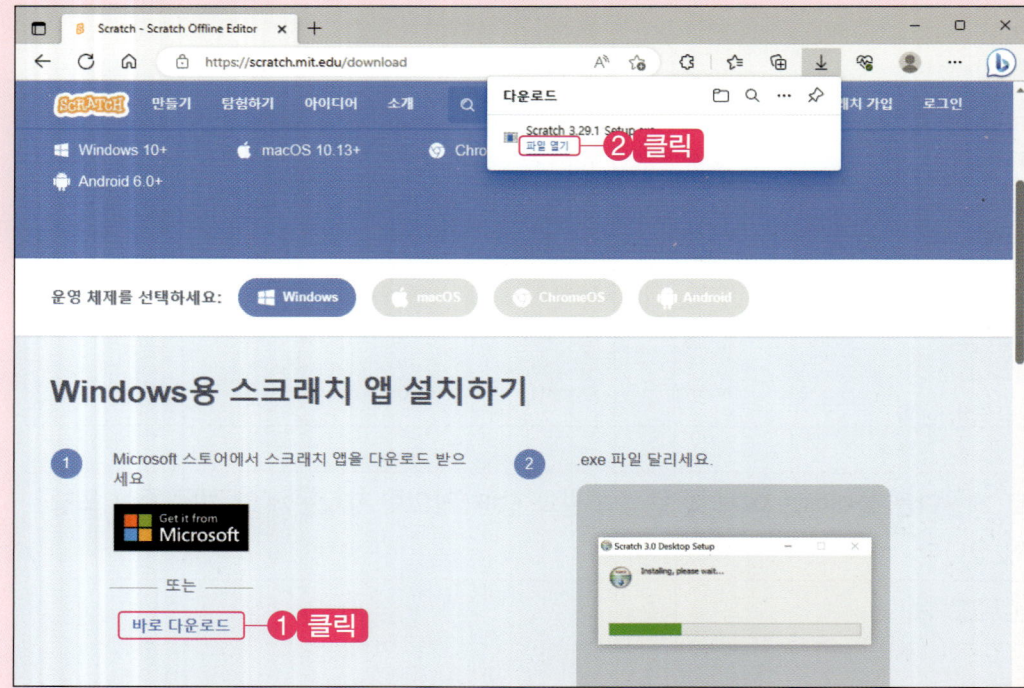

스크래치 오프라인 다운로드 및 설치하기

3 [Scratch 3 설치] 대화상자가 나타나면 **[설치]** 단추를 클릭합니다.

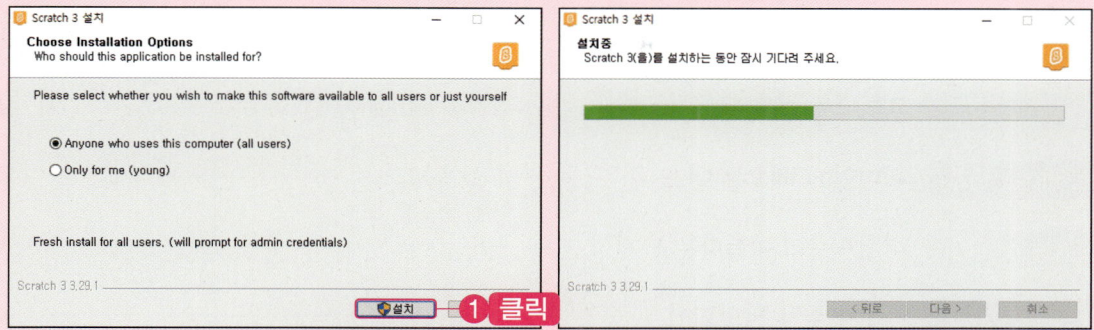

4 설치 과정이 완료되면 [마침] 단추를 클릭한 다음 [Do not share my usage data with the Scratch Team]을 선택한 후 [Close] 단추를 클릭합니다.

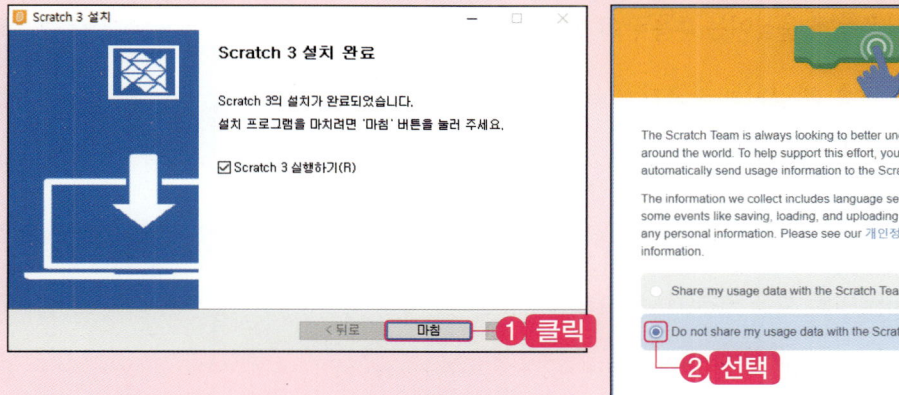
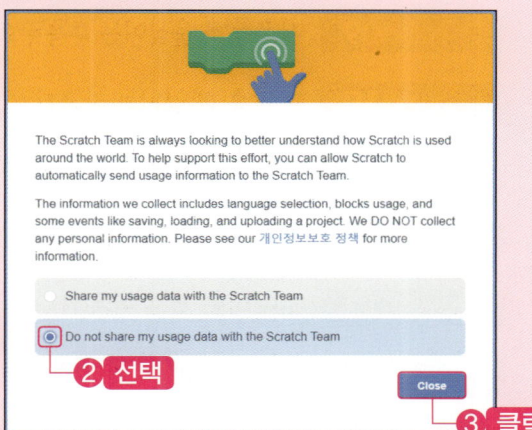

5 설치 과정이 완료되면 다음과 같이 스크래치가 실행됩니다.

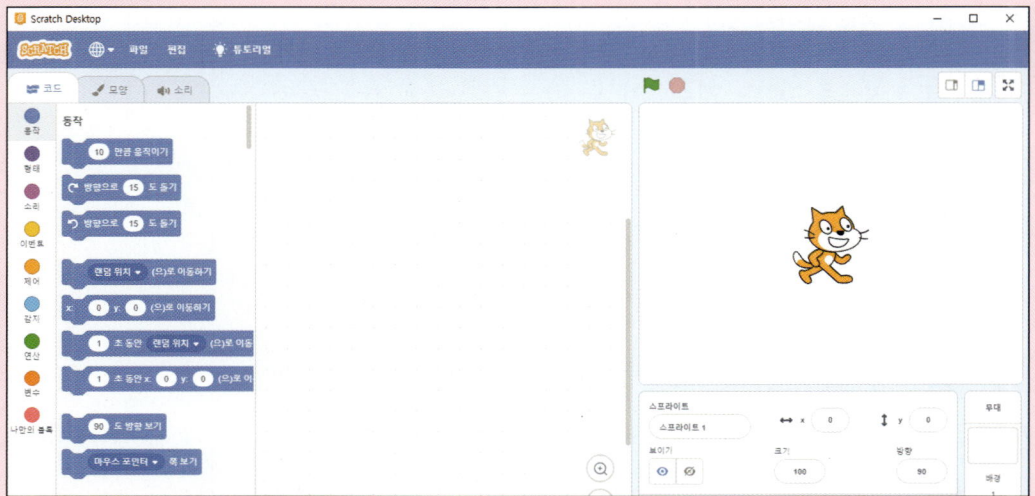

5

이 책의 차례

Chapter 01	쥬라기 공원	9
Chapter 02	인사하는 스노우 파파	15
Chapter 03	공룡 구출 대작전	21
Chapter 04	재미있게 배우는 댄스	27
Chapter 05	대한민국의 아름다운 사계절	33
Chapter 06	자동차 주차 달인되기	39
Chapter 07	방향키로 헬리콥터 조종하기	45
08 종합 활동		50
Chapter 09	자유롭게 움직이는 수족관의 물고기	55
Chapter 10	바닷속 헤엄치는 물고기	61
Chapter 11	모래 위의 개미지옥 만들기	67
Chapter 12	좌우로 움직이는 고양이	73
Chapter 13	고양이의 점프 만들기	79
Chapter 14	공 뛰어넘기 게임 만들기	85
Chapter 15	장애물 넘기 및 아이템 먹기	91
16 종합 활동		96
Chapter 17	즐거운 음악~ 뮤직 스타트!!	101
Chapter 18	키보드로 피아노 연주하기	107
Chapter 19	마우스로 드럼 연주하기	113
Chapter 20	재미있는 낙서장 만들기	119
Chapter 21	칭찬 스티커 모음판 만들기	125
Chapter 22	마우스를 따라 다니는 자동차	131
Chapter 23	타이머를 이용한 기록재기	137
24 종합 활동		142

스크래치 프로그램의 화면 구성

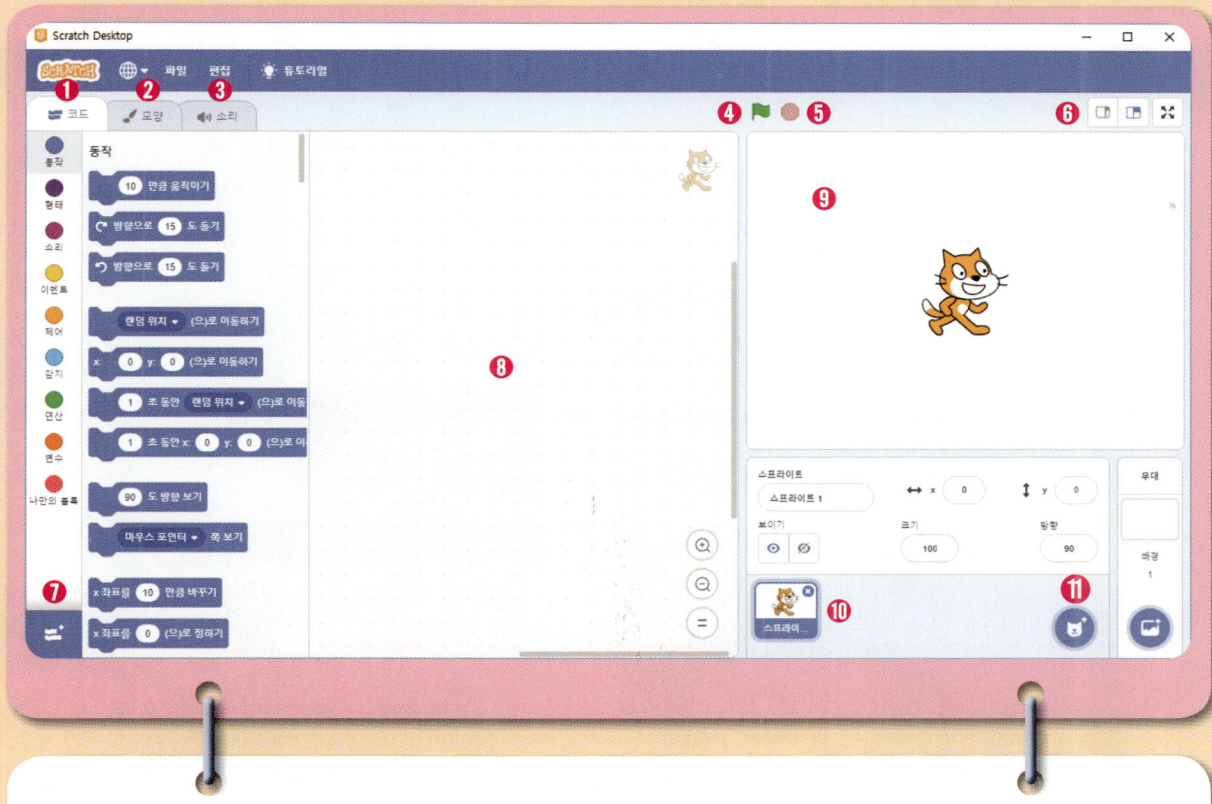

- **❶ 코드** : 실행할 명령어 블록들을 팔레트 형태로 표시합니다.
- **❷ 모양** : 스프라이트의 모양을 표시하며, 추가 및 삭제할 수 있습니다.
- **❸ 소리** : 스프라이트에 지정된 소리 목록을 표시하며, 추가 및 삭제할 수 있습니다.
- **❹ 시작하기/멈추기** : 프로그램을 실행 / 실행 중인 프로그램을 멈춥니다.
- **❺ 레이아웃** : 실행 창과 스크립트 영역의 레이아웃 모양을 변경합니다.
- **❻ 화면 확대** : 실행 창을 전체 화면으로 확대할 수 있으며, 확대된 상태에서 [축소]를 클릭하면 이전 크기로 복귀합니다.
- **❼ 확장 기능 추가하기** : 다양한 확장 기능이 나타나며, 선택한 아이콘은 기본 팔레트에 추가됩니다.
- **❽ 스크립트 창** : 블록 명령들을 서로 연결하여 프로그램을 코딩할 수 있습니다.
- **❾ 실행 창** : 스프라이트에 부여한 스크립트 명령을 실행하여 화면으로 표시합니다.
- **❿ 스프라이트** : 실행 창에 표시하는 스프라이트 개체 목록을 표시하며, 스프라이트 추가 및 수정, 삭제 등을 할 수 있습니다.
- **⓫ 스프라이트 고르기** : 스프라이트를 업로드, 서프라이즈(임의의 스프라이트를 삽입), 그리기, 스프라이트 고르기를 할 수 있습니다.

01 집중력 향상을 위한 앞송? 닷송? 페이지

연필, 종, 밴드, 하트, 물병, 자, 바나나, 화살이 숨겨져 있어요~ 차분하게 그림을 관찰한 후 정답에 동그라미표를 해보세요.

숨은 그림 찾기

쥬라기 공원

- 스프라이트의 삽입 및 삭제 방법에 대해 배워봅니다.
- 무대 배경의 지정 방법에 대해 배워봅니다.
- 스크래치 파일의 저장 방법에 대해 배워봅니다.

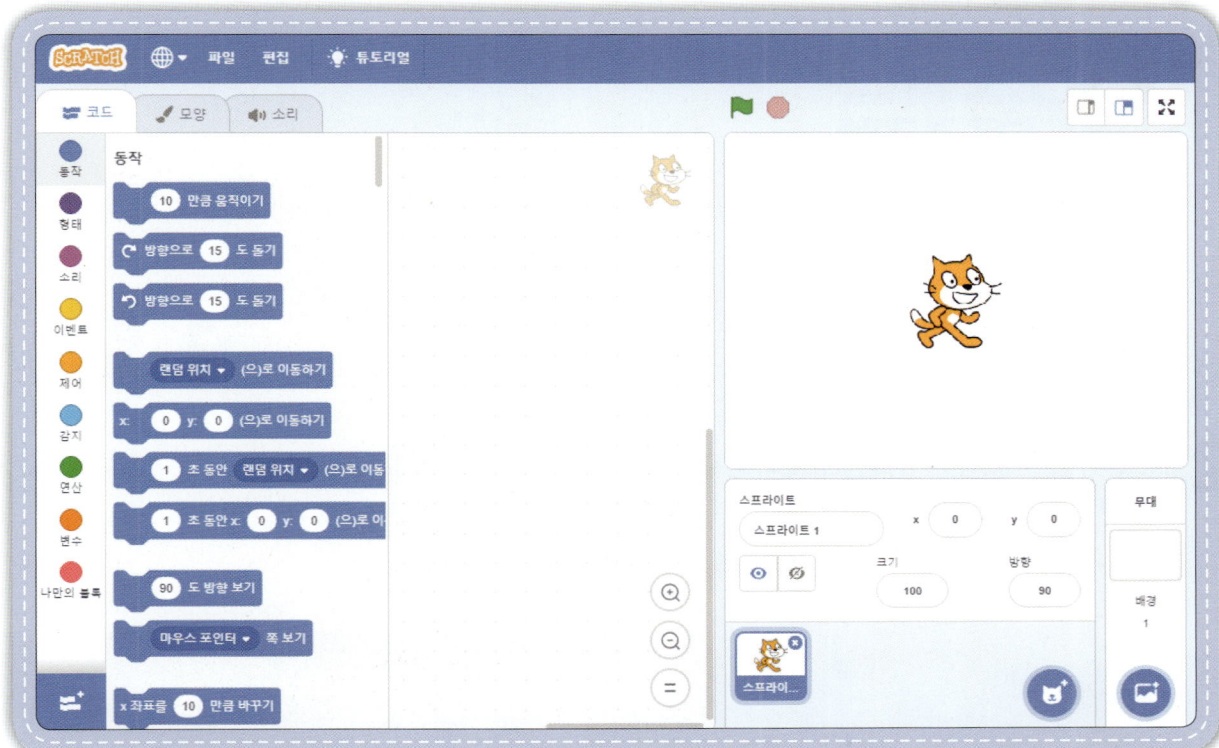

 코딩 포인트 (Coding Point)

스프라이트란?
스프라이트는 스크래치 프로그램에 등장하는 모든 사물을 의미합니다. 스크래치 프로그램을 처음 실행했을 때 등장하는 고양이와 같이 무대에 표시할 사물들을 모두 스프라이트라고 합니다.

코드란?
코드는 명령어들의 나열을 의미하며, 무대 위의 스프라이트들을 어떻게 움직이도록 만들것인지를 생각하고 블록을 쌓아 동작을 만드는 것을 말합니다.

블록 코딩이란?
코딩이란 프로그래밍 언어로 컴퓨터가 명령을 실행하도록 프로그램을 작성하는 과정으로 명령어로 만들어진 블록을 쌓아 동작을 만드는 것을 말합니다.

제01장 • 쥬라기 공원

스프라이트 삭제 및 추가하기

1 삭제할 스프라이트에서 마우스 오른쪽 단추를 눌러 **바로 가기 메뉴의 [삭제]를 클릭**합니다.

2 스프라이트 영역에서 [스프라이트 고르기]를 클릭한 후 [스프라이트 고르기] 대화상자가 나타나면 **스프라이트(Dinosaur1)를 클릭**합니다.

> **TIP**
>
> **스프라이트 고르기**
> 스프라이트 업로드하기, 서프라이즈(임의의 스프라이트를 삽입), 그리기, 스프라이트 고르기를 할 수 있습니다.

3 같은 방법으로 **스프라이트(Dinosaur2)를 추가**합니다.

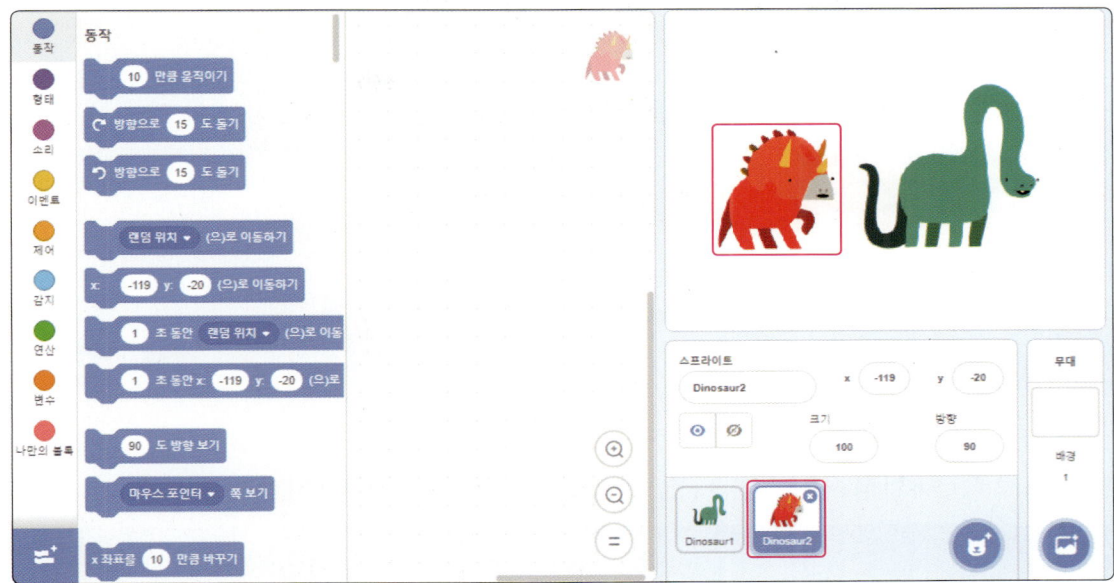

> 🚩 **TIP**
>
> **스프라이트의 이동하기**
> 스프라이트 이동 : 실행 창의 스프라이트에서 마우스를 드래그하여 원하는 위치로 이동합니다.

💗 창의적 생각 만들기

스프라이트의 이름 변경
스프라이트 영역에서 스프라이트의 이름을 수정할 수 있습니다.

 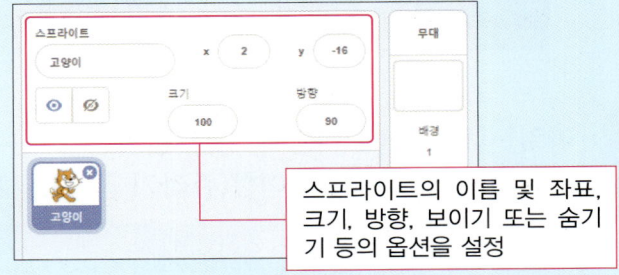

스프라이트의 이름 및 좌표, 크기, 방향, 보이기 또는 숨기기 등의 옵션을 설정

겹친 스프라이트의 순서 변경
여러 개의 스프라이트가 겹칠 경우 가장 마지막에 선택된 스프라이트가 가장 앞쪽에 표시되므로 앞쪽에 표시할 스프라이트를 실행 창에서 약간만 드래그해도 가장 앞쪽에 표시됩니다.

무대 배경 지정 및 저장하기

1 무대 영역에서 [배경 고르기]를 클릭합니다.

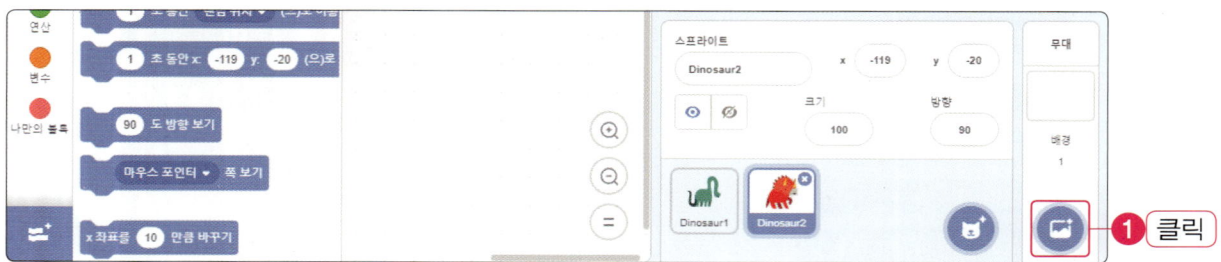

2 [배경 고르기] 대화상자가 나타나면 배경(Savanna)을 클릭합니다.

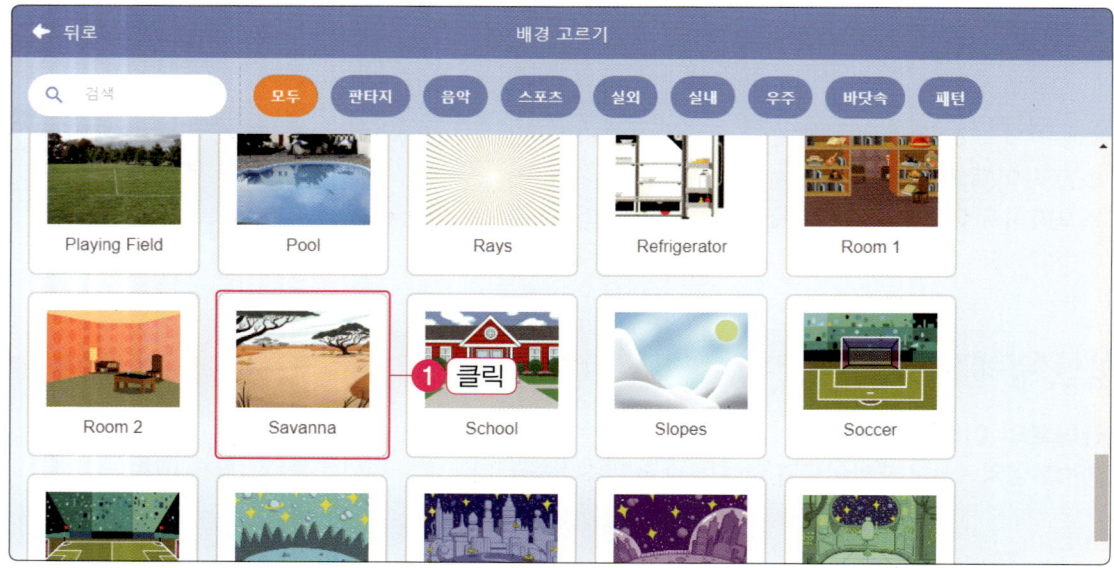

3 [파일]-[컴퓨터에 저장하기]를 클릭한 후 [다른 이름으로 저장] 대화상자가 나타나면 저장 위치(문서) 및 파일 이름(쥬라기 공원)을 지정한 다음 [저장] 단추를 클릭합니다.

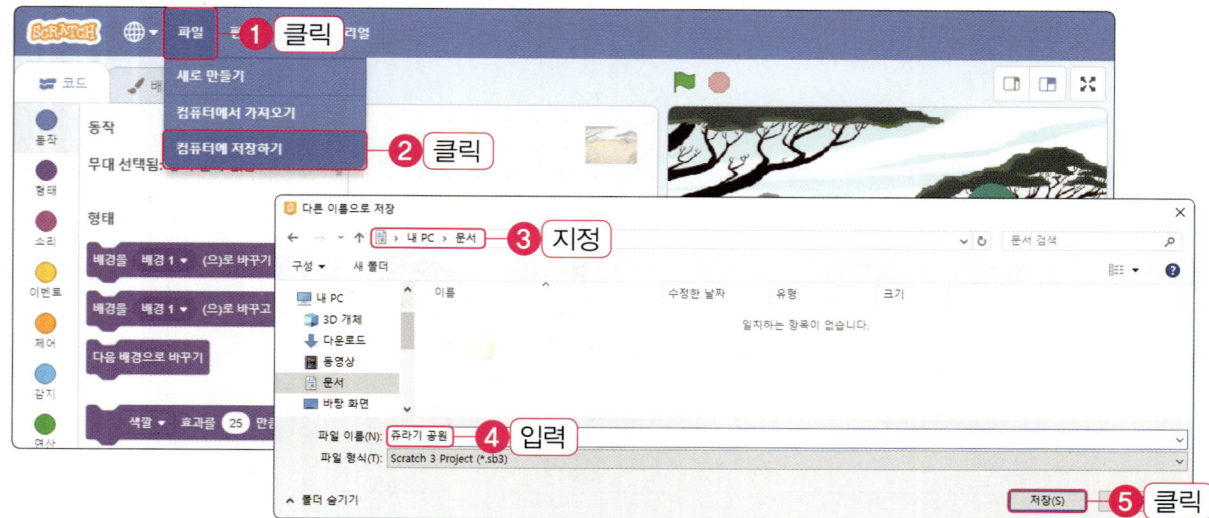

문제 1 다음과 같이 스프라이트를 지정한 후 저장해 보세요.
- 저장 위치 : [문서] 폴더
- 파일명 : 생일파티.sb3

문제 2 다음과 같이 스프라이트와 무대 배경을 지정한 후 저장해 보세요.
- 저장 위치 : [문서] 폴더
- 파일명 : 북극.sb3

02 집중력 향상을 위한 앗쏭? 달쏭? 페이지

밤하늘에 햇님과 별님, 달님 등이 떠있습니다.
가로 줄과 세로 줄에 서로 같은 그림이 들어가지 않도록 빈 칸에 알맞은 그림을 그려 넣어 보세요.

그림 스도쿠

인사하는 스노우 파파

 오늘의 놀이
- 저장된 파일을 불러오는 방법에 대해 배워봅니다.
- 코드 블록의 연결 방법에 대해 배워봅니다.
- 코드 블록의 삭제 방법에 대해 배워봅니다.

 코딩 포인트(Coding Point)

이벤트 팔레트

이벤트 팔레트는 모자 블록들로 구성되어 <스페이스 키를 눌렀을 때>와 같이 윗부분이 모자같이 둥글게 생겼으며, 깃발이 클릭되었을 때(▶ 클릭했을 때), 특정 키를 눌렀을 때(스페이스 키를 눌렀을 때) 등의 이벤트가 발생할 때 해당 블록 아래 연결된 블록 묶음을 순서대로 실행합니다.

팔레트	블록	설명
이벤트	▶ 클릭했을 때	실행 창의 깃발(▶)이 클릭되면 해당 블록 아래쪽에 연결된 블록 묶음을 순서대로 실행합니다.
형태	안녕! 을(를) 2 초 동안 말하기	입력한 내용(안녕!)을 2초 동안 말풍선 모양으로 표시합니다.

제02장 · 인사하는 스노우 파파 **15**

프로젝트 파일 열기

1 스크래치 프로그램에서 메뉴 모음의 [파일]-[컴퓨터에서 가져오기]를 클릭합니다.

2 [열기] 대화상자가 표시되면 **폴더 위치(C:\영재스쿨(3)스크래치3.0\Chapter02)를 지정**한 후 **파일 이름(스노우파파)을 선택**한 다음 **[열기] 단추를 클릭**합니다.

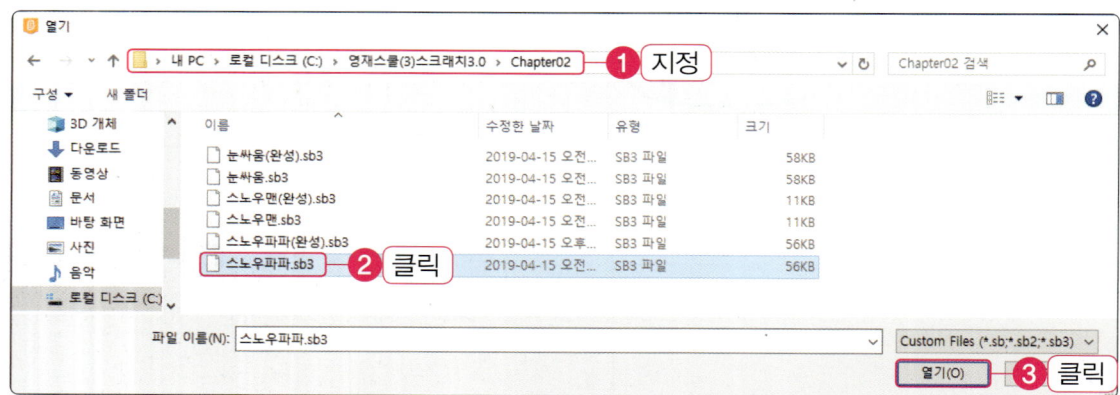

3 스크래치 프로그램에서 선택한 프로젝트 파일(스노우파파)이 표시됩니다.

블록 코딩하기

1 눈사람 스프라이트의 [코드] 탭에서 [이벤트] 팔레트의 클릭했을 때 블록을 스크립트 창으로 드래그합니다.

2 [형태] 팔레트의 안녕! 을(를) 2 초동안 말하기 블록을 드래그하여 클릭했을 때 블록 아래에 연결합니다.

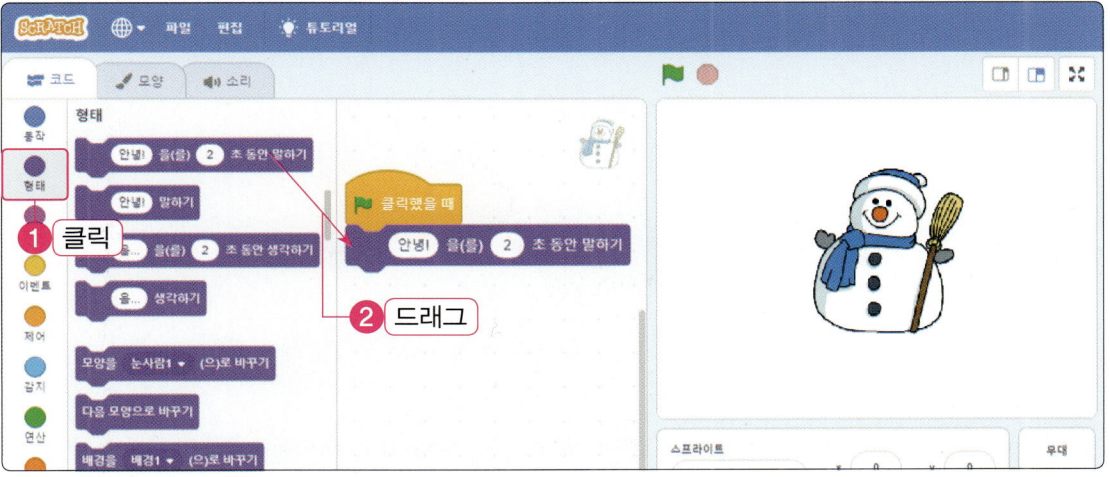

TIP

스크립트 창의 블록 삭제하기
삭제할 블록을 [코드] 탭의 블록 목록 영역으로 드래그하거나 바로 가기 메뉴의 [블록 삭제하기]를 클릭합니다.

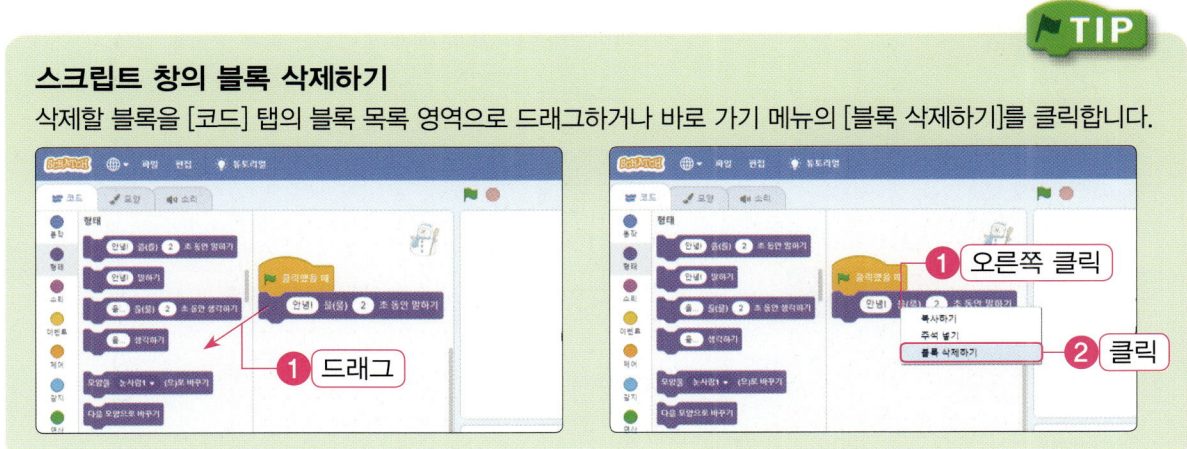

제02장 · 인사하는 스노우 파파

3 내용(안녕! 반가워~) 및 입력 값(3)을 수정한 후 🏁[시작하기]를 클릭하여 실행 창에서 실행 결과를 확인합니다.

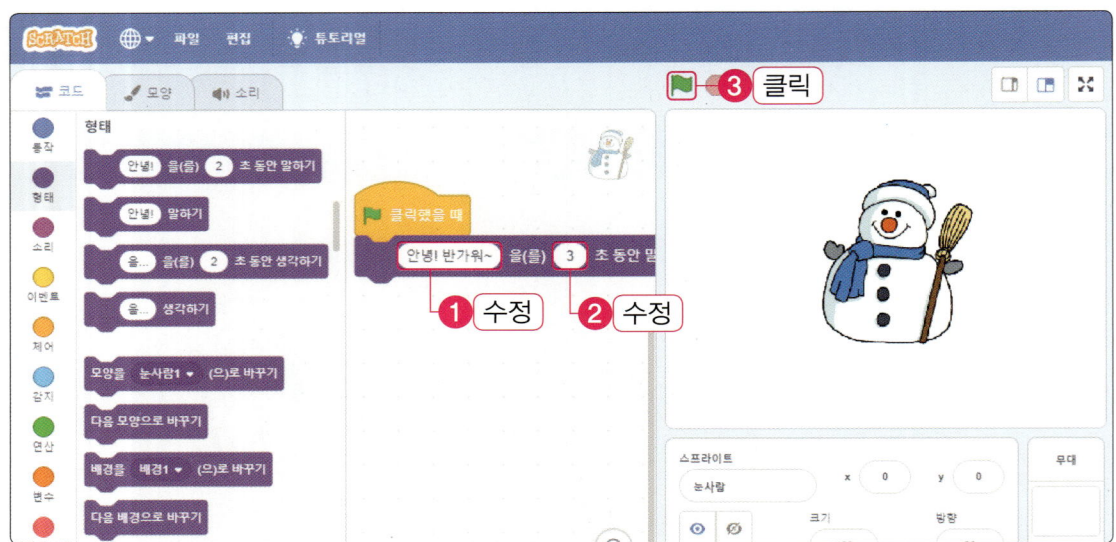

🏁 **TIP**

실행 창의 아이콘 살펴보기
- 멈추기(●) : 스크립트의 실행을 중지합니다.
- 전체 화면(⌘) : 실행 창을 전체 화면 크기로 변경합니다.
- 이전 크기(⌘) : 전체 화면에서 이전 크기로 변경합니다.

♥ 창의적 생각 만들기

코드 블록 알아보기

18 영재스쿨(3) · 스크래치 3.0

창의력 향상문제!!

문제 1 실행을 클릭하면 눈사람이 3초 동안 '여기가 어디지?'라고 생각하는 코드 블록을 완성해 보세요.

- 저장소에서 스프라이트 선택 : Snowman
- 저장 : [문서] 폴더에 '스노우맨.sb3'

문제 2 실행한 후 북극곰을 클릭하면 3초 동안 '너! 눈싸움 좋아하니?'라고 말하는 코드 블록을 완성해 보세요.

- 파일 열기 : 눈싸움.sb3
- 저장 : [문서] 폴더에 '눈싸움(완성).sb3'

제02장 • 인사하는 스노우 파파

03 집중력 향상을 위한 앗쏭? 닷쏭? 페이지

하늘에 구름이 기차처럼 연결되어 있네요.
구름 안에 처음 입력된 단어와 연결되도록 단어를 입력해서 끝말잇기 게임을 만들어 보세요.

끝말 잇기

공룡 구출 대작전

오늘의 놀이
- 블록 코딩의 복사 방법에 대해 배워봅니다.
- 블록 코딩의 수정 방법에 대해 배워봅니다.

코딩 포인트 (Coding Point)

연결 블록 (■동작/■형태/■소리/■이벤트/■제어/■감지/■연산)

연결 블록은 명령어 블록과 블록을 서로 연결하여 사용하는 블록으로 [동작], [형태], [소리], [이벤트], [제어], [감지], [연산] 등 다양한 팔레트에서 제공됩니다.

팔레트	블록	설명
형태	숨기기	해당 스프라이트를 실행 창에 보이지 않게 합니다.
형태	보이기	해당 스프라이트를 실행 창에 나타냅니다.
제어	1 초 기다리기	설정한 시간만큼 기다린 후 다음 블록을 실행합니다.

제03장 · 공룡 구출 대작전

프로젝트 파일 열기 및 블록 복사하기

1 프로젝트 파일(구출작전)을 열고 **공룡1 스프라이트를 선택**한 후 [스크립트] 창의 작성된 **블록을 공룡2 스프라이트로 드래그**합니다.

2 **공룡2 스프라이트를 클릭**하면 [스크립트] 창에 블록이 복사되어 표시됩니다.

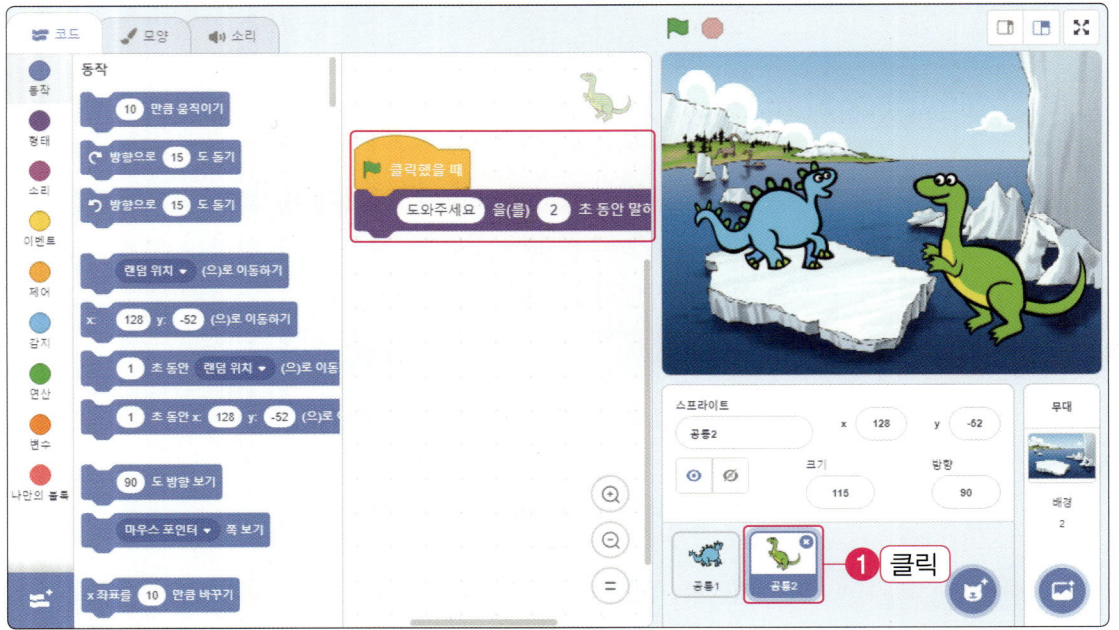

블록 코딩 수정 및 실행하기

1 [형태] 팔레트의 숨기기 블록과 보이기 블록을 클릭했을 때 블록과 도와주세요 을(를) 2 초동안 말하기 블록 사이에 드래그하여 끼워넣습니다.

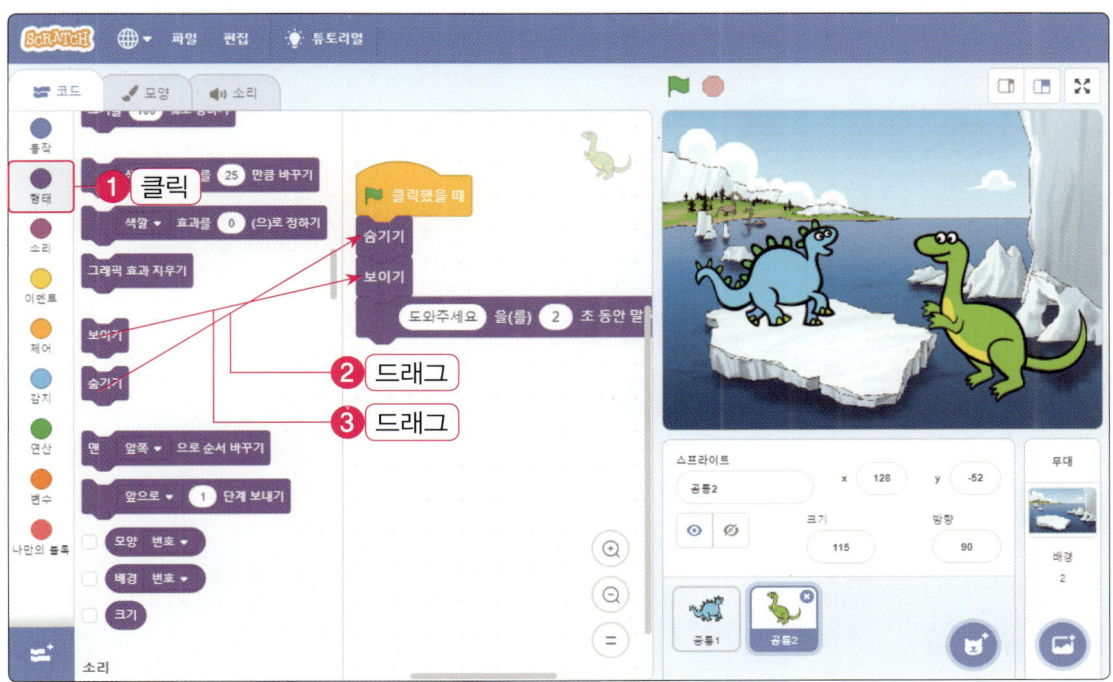

2 [제어] 팔레트의 1 초 기다리기 블록을 숨기기 블록과 보이기 블록 사이에 드래그하여 끼워넣고 **입력 값(3)을 수정**합니다.

제03장 · 공룡 구출 대작전 **23**

3 `도와주세요` `을(를)` `2` `초 동안 말하기` 블록의 **내용**(걱정하지마~ 엄마가 구해줄게~)을 **수정**합니다.

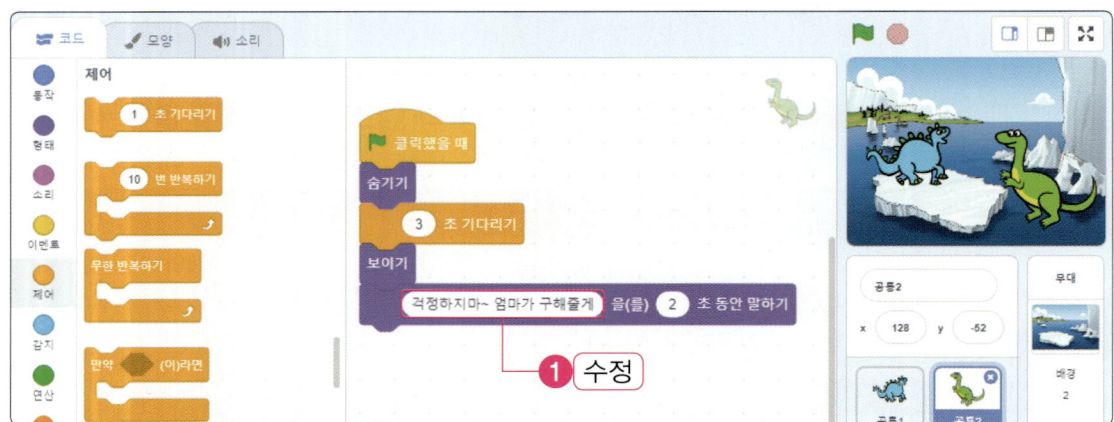

4 🚩[시작하기]를 **클릭**한 후 실행 창에서 실행 결과를 확인합니다.

🚩 TIP

스프라이트가 실행 창에서 숨겨진 경우

스크립트 블록 연결에 의해 `숨기기` 블록으로 실행 창에서 해당 스프라이트가 숨겨진 경우 블록 연결 마지막에 `보이기` 블록을 연결 후 스크립트를 실행하거나 스프라이트 정보의 [보이기] 항목을 체크하면 실행 창에 해당 스프라이트가 다시 표시됩니다.

💗 창의적 생각 만들기

코드 블록 알아보기

밤 하늘의 별이 깜빡깜빡 거리는 장면을 코드 블록으로 만들 경우 별 모양이 숨기기와 보이기가 계속해서 반복적으로 이루어져야 합니다. 그럼 어떤 블록을 사용하면 가능할까요?

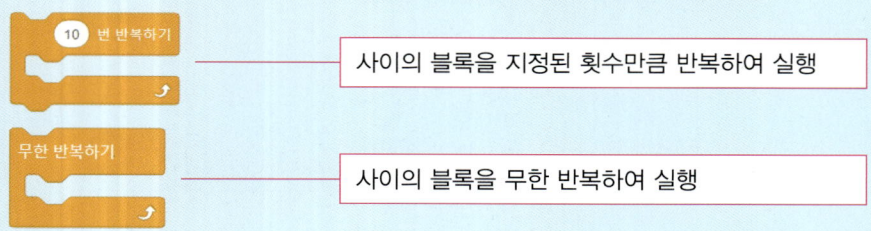

창의력 향상문제!!

문제 1 마법사가 '사라져라~', '얏!!!'하고 말하면 선물이 사라지는 마법을 코드로 작성해 보세요.
- 파일 : 마법사.sb3

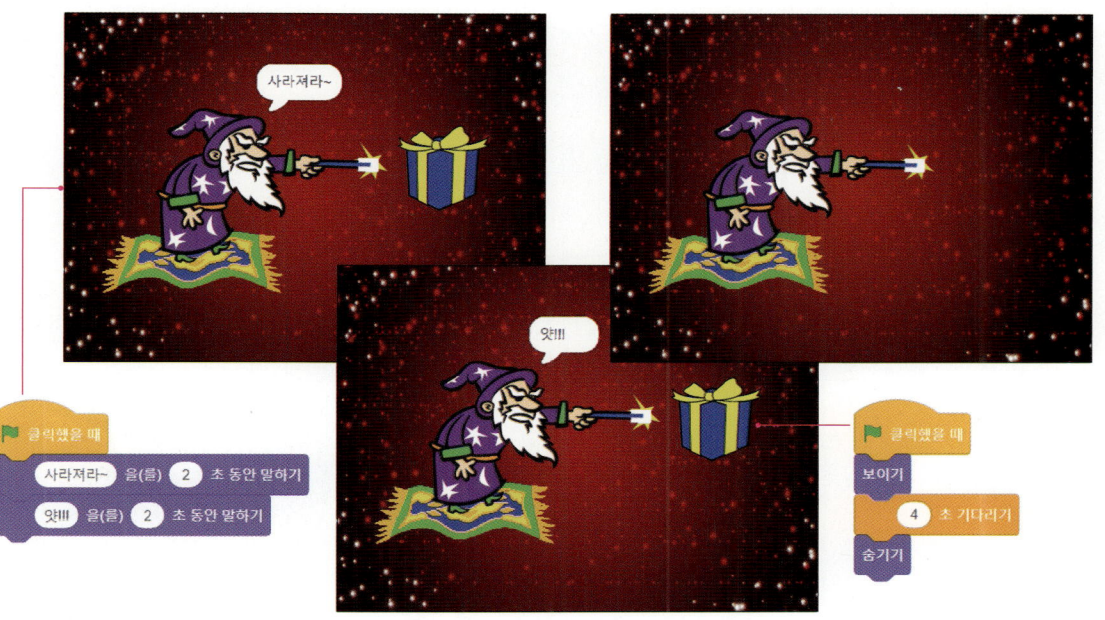

문제 2 엄마 눈사람과 꼬마 눈사람의 대화를 재미있게 작성해 보세요.
- 파일 : 인사.sb3

04 집중력 향상을 위한 앗쏭? 닷쏭? 페이지

사랑이가 화장실에서 거울을 보고 있는데 어떤 글씨가 보입니다. 무엇이라고 쓰여 있는지 아래 정답란에 적어보세요.

거울 글씨 알아맞추기

화장실을 깨끗이! 사용합시다!

정답

재미있게 배우는 댄스

오늘의 놀이
- 스프라이트의 모양 순서 변경 및 이름 수정 방법에 대해 배워봅니다.
- 코드 블록을 연결하는 방법에 대해 배워봅니다.
- 스크립트 창에서 블록을 복사하는 방법에 대해 배워봅니다.

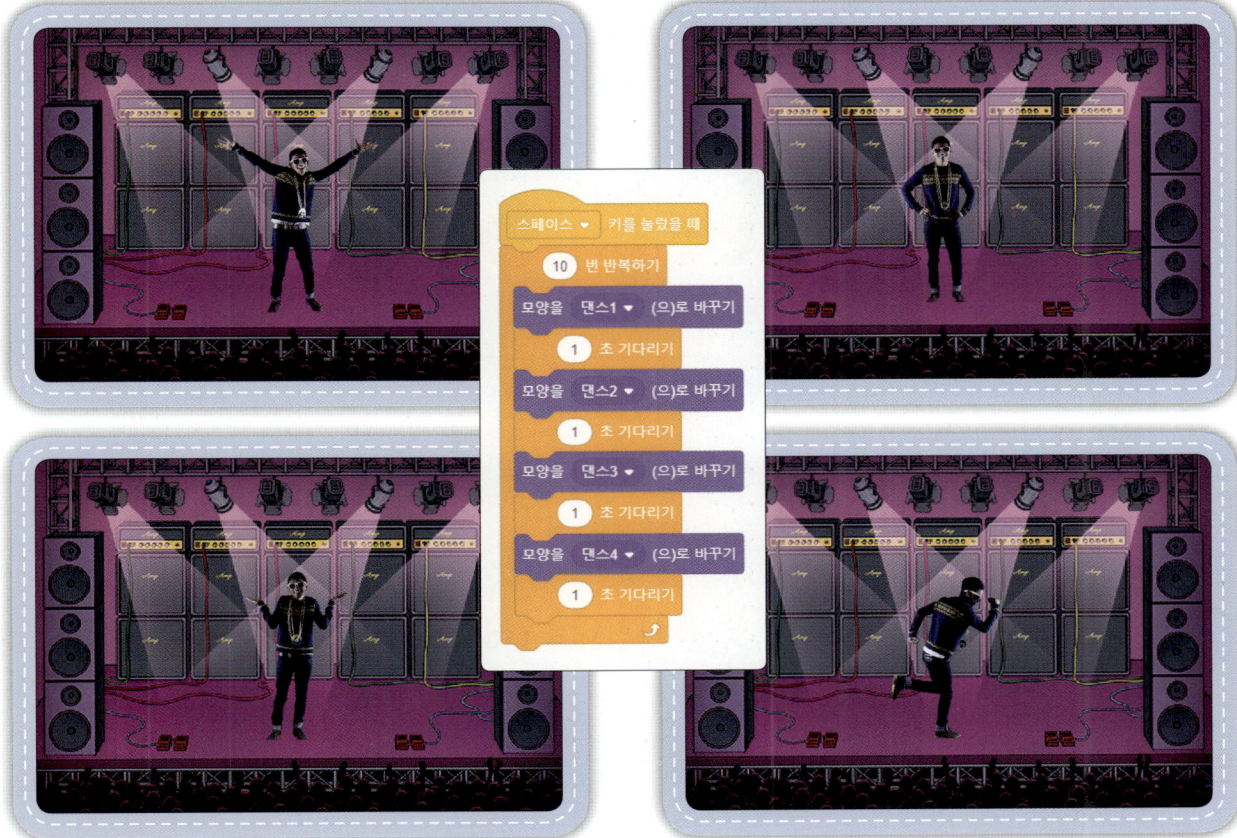

코딩 포인트(Coding Point)

코드 블록 알아보기

팔레트	블록	설명
이벤트	스페이스 키를 눌렀을 때	키보드의 지정된 키를 눌렀을 때 코드를 실행합니다.
제어	10 번 반복하기	지정된 횟수만큼 반복합니다.
형태	모양을 모양1 (으)로 바꾸기	스프라이트 모양을 지정된 모양으로 바꿉니다.

제04장 • 재미있게 배우는 댄스 **27**

스프라이트 모양 이름 변경하기

1 프로젝트 파일(댄스)을 열고 [모양] 탭에서 스프라이트의 모양을 확인합니다.

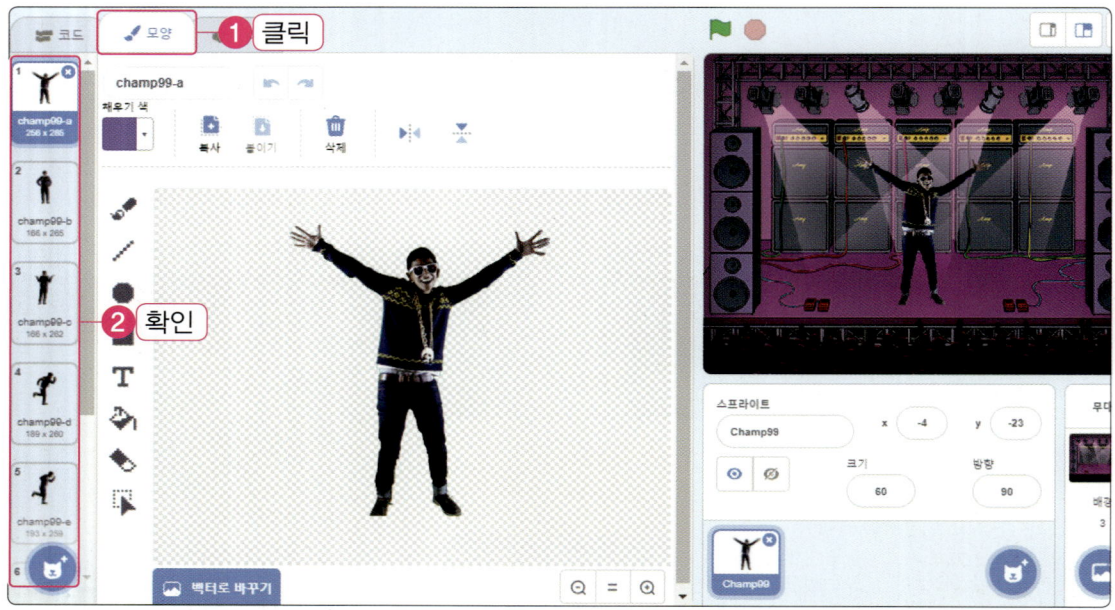

> **TIP** 하나의 스프라이트에는 하나 이상의 모양 그림을 포함하고 있어 움직이는 동작 등을 설정할 때 사용합니다.

2 모양 이름(동작1)을 수정합니다. 같은 방법으로 나머지 모양의 이름(댄스2~댄스7)을 다음과 같이 수정합니다.

> **TIP** 스프라이트의 [모양] 탭에 표시된 스프라이트 그림 목록은 마우스로 드래그하여 원하는 순서대로 위치를 변경할 수 있습니다.

블록 코딩하기

1 **레이아웃을 변경**한 후 **[코드] 탭을 클릭**한 다음 [이벤트]와 [제어] 팔레트를 이용하여 다음과 같이 **블록을 연결**합니다.

2 [형태] 팔레트의 블록을 반복하기 블록 안에 드래그하여 끼워넣은 후 ▼[목록] 단추를 클릭한 다음 [댄스1]을 클릭합니다.

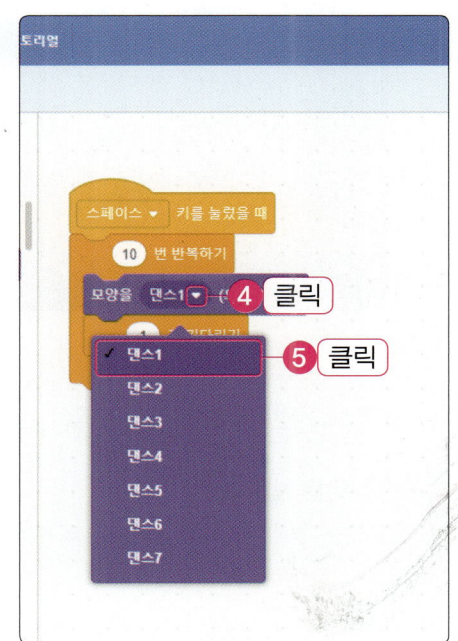

> **TIP**
> 블록 안에 목록 단추 모양으로 표시된 블록은 목록의 선택에 따라 블록의 실행 동작이 다르게 설정됩니다.

제04장 · 재미있게 배우는 댄스 **29**

3 작성된 블록에서 마우스 오른쪽 단추를 눌러 **바로 가기 메뉴의 [복사]를 클릭**한 후 **블록 아래에 연결**한 다음 **내용을 수정**하여 다음과 같이 블록을 연결합니다.

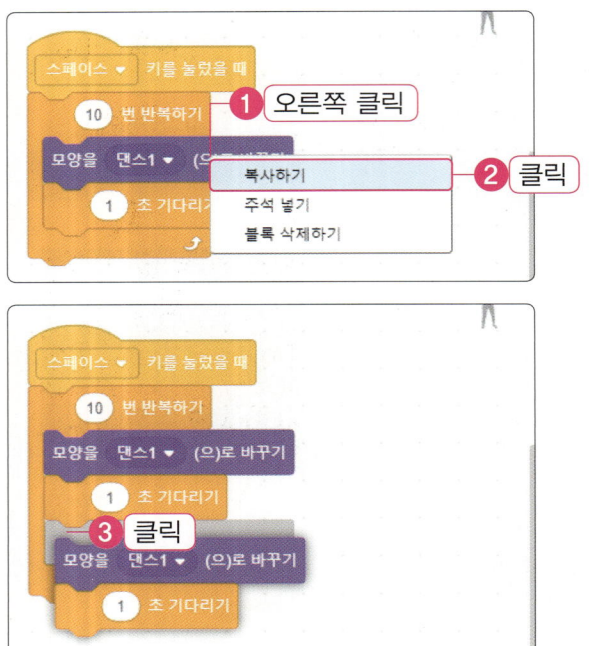
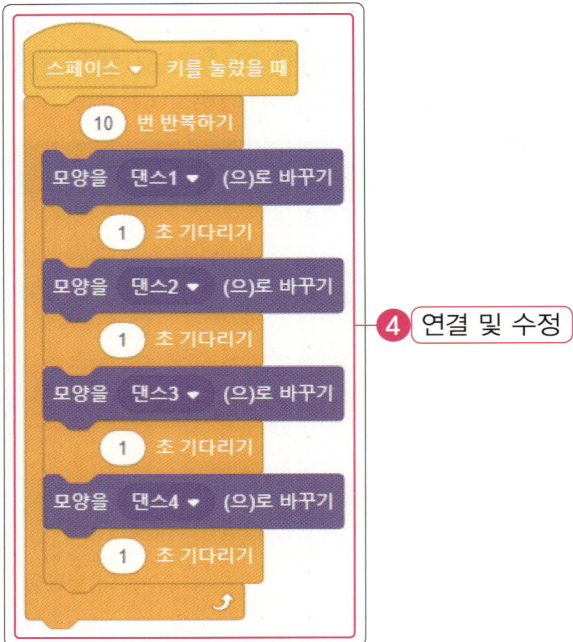

4 [시작하기]를 클릭한 후 스페이스 바(SpaceBar) 키를 눌러 모양이 변경하는지 확인합니다.

창의적 생각 만들기

코드 블록 알아보기
반복되는 동작을 특정 키를 눌러 실행 중에 중지시키려면 어떻게 해야 할까요?

- 특정 키(A)를 눌렀을 때 모든 코드 중지
- 특정 키(A)를 눌렀을 때 현재 블록에 연결된 코드 중지
- 특정 키(A)를 눌렀을 때 현재 스프라이트의 다른 코드 중지

창의력 향상문제!!

문제 1 [비보이.sb3] 파일을 열고 비보이가 춤추는 동작을 반복해서 실행하도록 코드를 작성해 보세요.

- 스페이스를 누르면 동작1~동작4를 0.5초 간격으로 반복 (반복 횟수는 임의 설정)

문제 2 [박쥐.sb3] 파일을 열고 박쥐가 날아가는 동작을 반복해서 실행하도록 코드를 작성해 보세요.

- 스페이스를 누르면 박쥐1~박쥐3를 0.5초 간격으로 반복 (반복 횟수는 임의 설정)

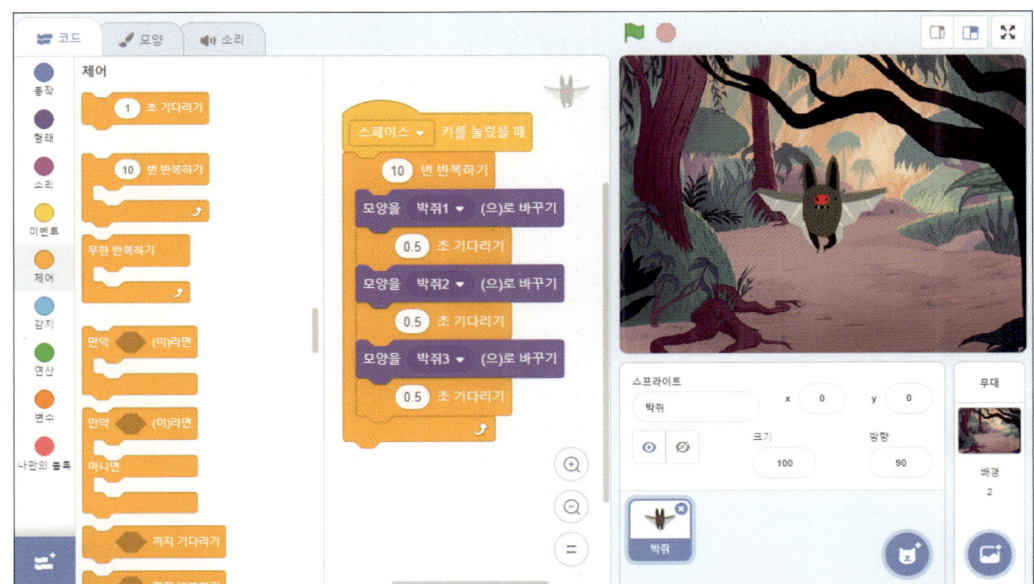

제04장 · 재미있게 배우는 댄스

05 집중력 향상을 위한 앗쏭? 닷쏭? 페이지

백구 친구가 여자 친구와 약속이 있나봅니다.
멋지게 차려입고 길을 나섰는데 길이 꼬여서 어렵나봐요. 우리 친구들이 잘 갈 수 있도록 선으로 연결해 주세요.

길 찾기

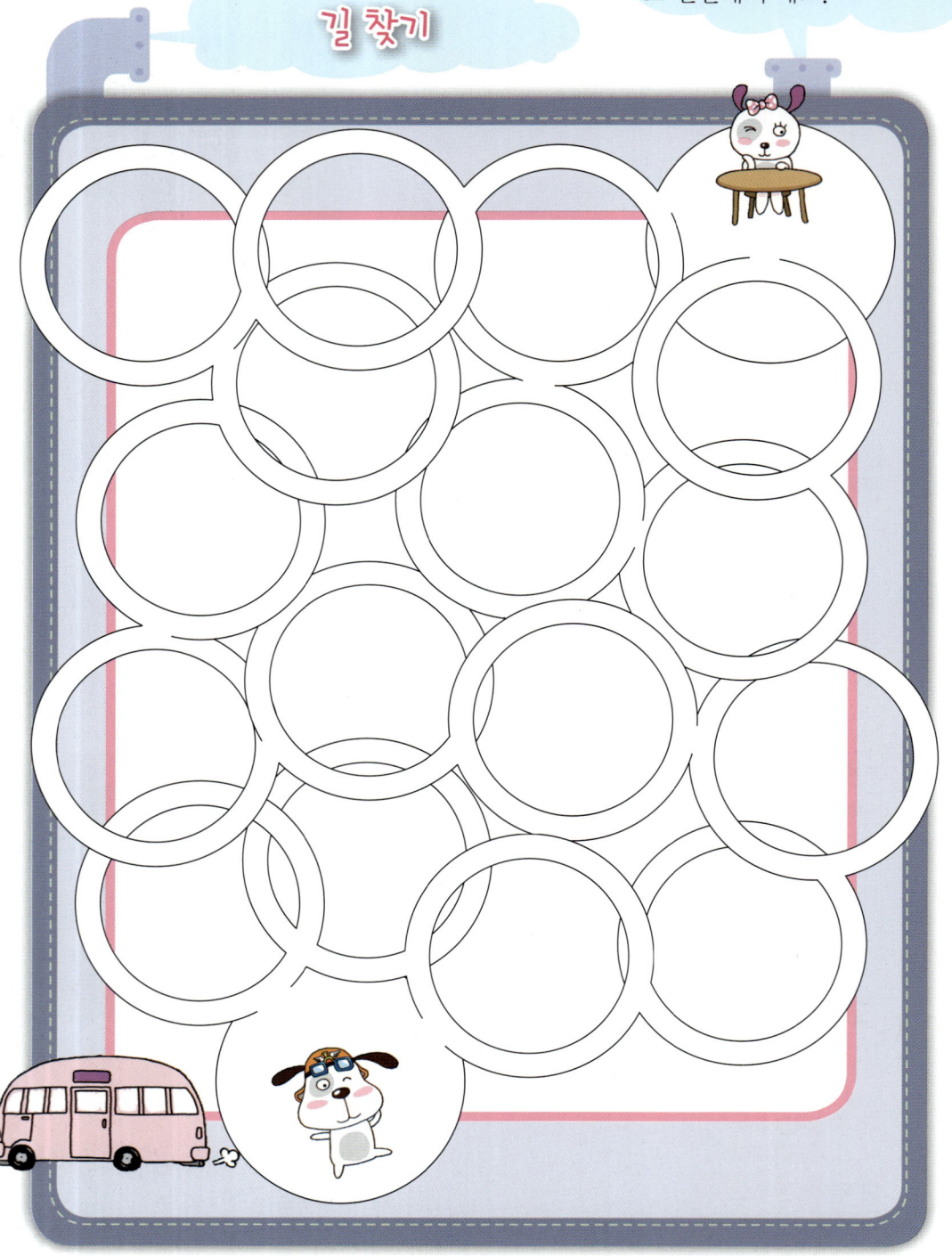

대한민국의 아름다운 사계절

- 무대 배경의 순서 변경 및 이름 수정 방법에 대해 배워봅니다.
- 스프라이트를 이용하여 무대 배경을 변경하는 방법에 대해 배워봅니다.

 코딩 포인트(Coding Point)

팔레트	블록	설명
이벤트	이 스프라이트를 클릭했을 때	이 스프라이트를 마우스로 클릭했을 때 코드를 실행합니다.
	배경이 배경1 ▾ (으)로 바뀌었을 때	지정된 배경으로 바뀌었을 때 코드를 실행합니다.
형태	배경을 배경1 ▾ (으)로 바꾸기	무대의 배경을 지정된 배경으로 바꿉니다.
	크기를 10 만큼 바꾸기	스프라이트의 크기를 입력값 만큼 바꿉니다.(양수 : 확대, 음수 : 축소)
	크기를 100 %로 정하기	스프라이트의 크기를 백분율(%)값 만큼 바꿉니다. (100% 이상 : 확대, 100% 이하 : 축소)

배경 모양 확인하기

1 프로젝트 파일(사계절)을 열고 [무대]를 선택한 후 [배경] 탭에서 배경 목록을 확인합니다.

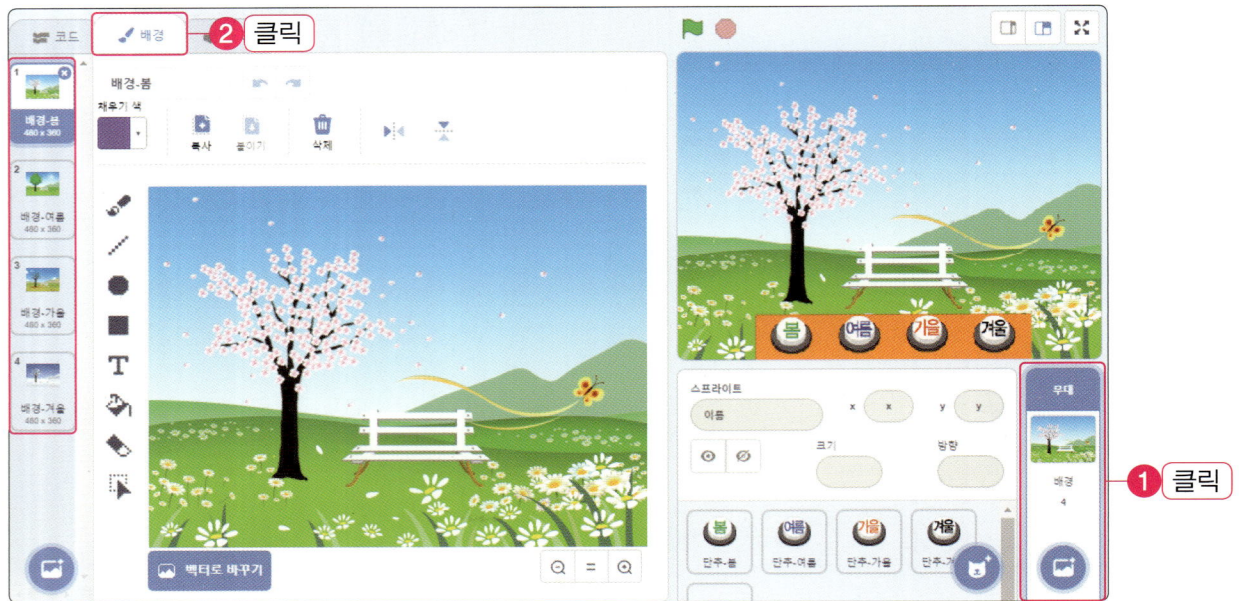

> **TIP** 무대에는 하나 이상의 배경 그림을 포함하고 있으며, 코드 설정에 따라 배경을 변경할 수 있습니다.

2 무대의 배경 이름(배경1~배경4)을 다음과 같이 수정합니다.

> **TIP** 무대 배경의 [배경] 탭에 표시된 배경 그림 목록은 마우스로 드래그하여 순서를 변경할 수 있으며 이름을 수정할 수 있습니다.

계절 단추를 눌러 배경 변경하기

1 봄/여름/가을/겨울 스프라이트를 다음과 같이 **블록을 연결**합니다.

2 ▶[시작하기]를 **클릭**한 후 계절 단추를 클릭할 때마다 해당 계절의 배경으로 바뀌는지 확인합니다.

제05장 · 대한민국의 아름다운 사계절 **35**

3 봄/여름/가을/겨울 스프라이트에 다음과 같이 **추가 블록을 연결**합니다.

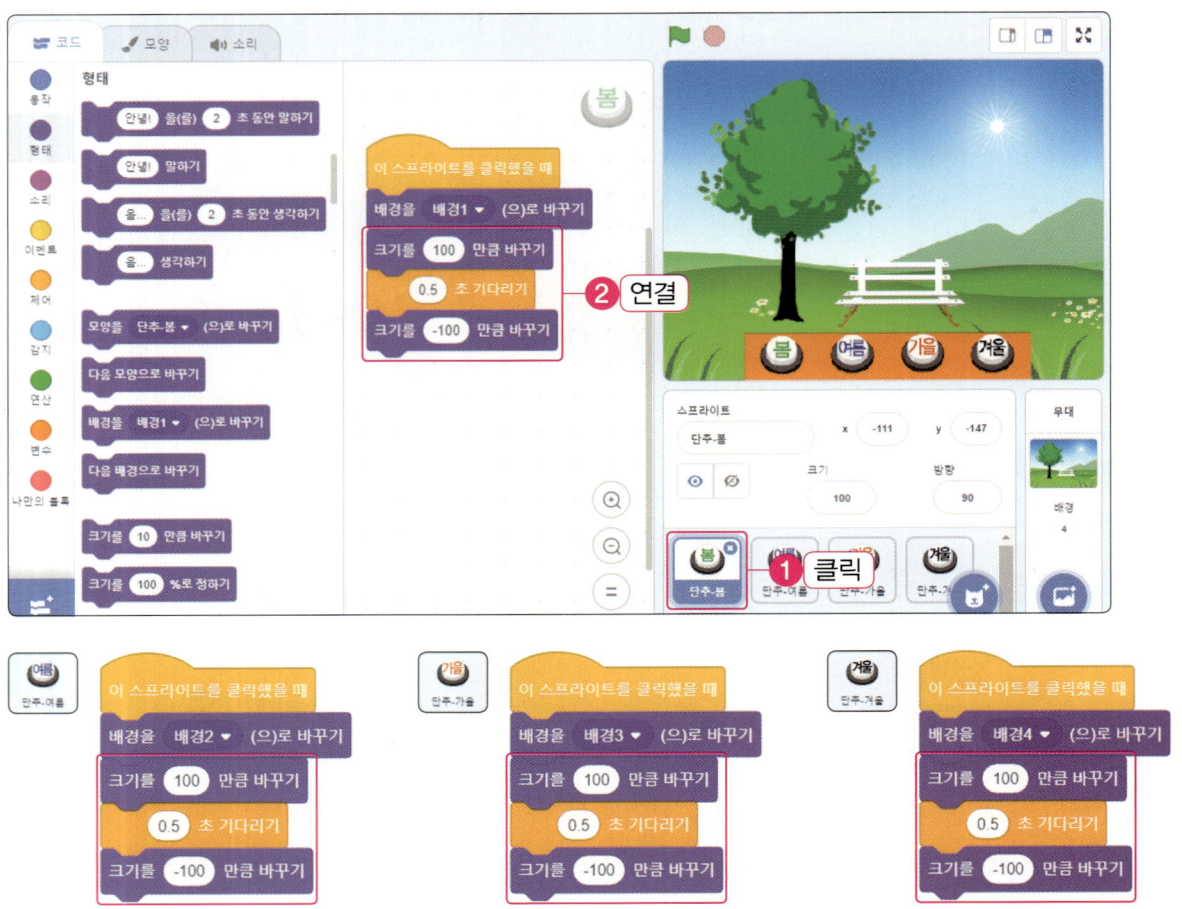

4 ▶[시작하기]을 **클릭**한 후 계절 단추를 클릭할 때마다 해당 계절의 배경으로 변경 및 클릭한 스프라이트의 크기가 커졌다가 원래의 크기로 돌아오는지 확인합니다.

♥ 창의적 생각 만들기

앞에서 배운 내용과 같이 계절 단추를 클릭했을 때 해당 계절의 배경으로 바뀌는 상황에서 특정 스프라이트가 '따뜻한 봄', '시원한 여름', '낙엽의 가을', '눈오는 겨울'이라고 계절을 알려주도록 설정하려면 어떻게 하면 될까요? 이럴 때 필요한 블록이 [배경이 배경1▼ (으)로 바뀌었을 때] 블록입니다. [배경이 배경1▼ (으)로 바뀌었을 때] 블록은 배경의 선택에 따라 연결된 해당 블록 묶음의 내용을 실행하게 되어 말하기 블록으로 계절을 알려주게 할 수 있답니다.

창의력 향상문제!!

문제 1 [천자문.sb3] 파일을 열고 천자문 단추를 누르면 한자의 음과 훈이 표시되는 코드를 작성해 보세요.
- 천자문 단추를 누르면 관련된 음과 훈이 표시된 배경이 표시되었다가 기본 천자문 배경으로 변경되도록 설정
- 천자문 단추를 누르면 해당 단추가 커졌다가 다시 원래의 크기로 돌아오도록 설정

문제 2 [감사단추.sb3] 파일을 열고 영어, 일본어, 독일어 단추를 누르면 해당 언어로 감사인사가 표시되는 코드를 작성해 보세요.
- 언어 단추를 눌러 관련된 언어의 감사인사 배경이 표시되었다가 한글 배경으로 변경되도록 설정
- 언어 단추를 누르면 해당 단추가 작아졌다가 다시 원래의 크기로 돌아오도록 설정

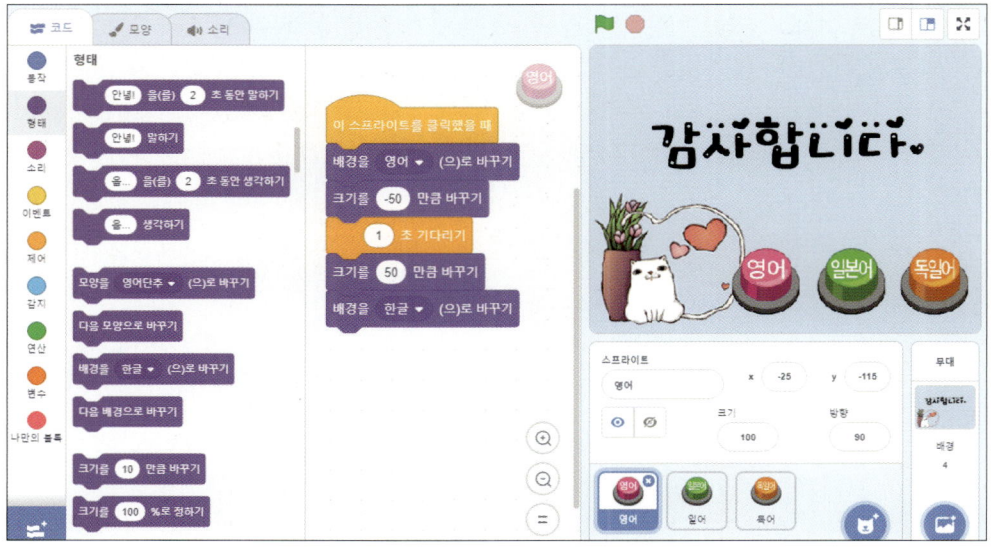

제05장 · 대한민국의 아름다운 사계절

06 집중력 향상을 위한 앗쏭? 닷쏭? 페이지

아래 보기에는 규칙을 갖는 도형들이 나열되어 있습니다.
물음표 안에 들어갈 도형으로 알맞은 것은 무엇일까요?

도형 추리하기

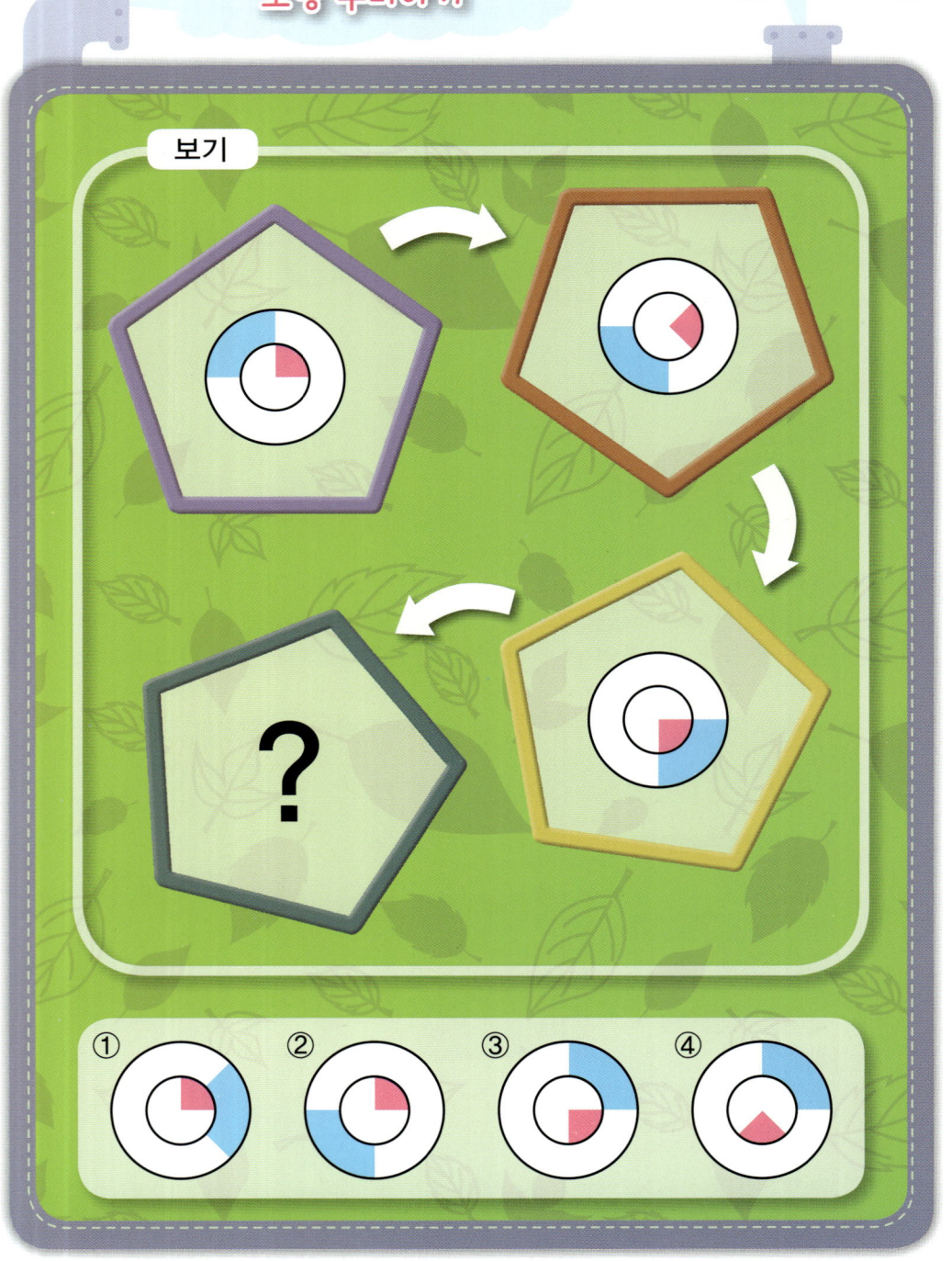

자동차 주차 달인되기

- 방향키로 자동차의 전/후진 방법을 배워봅니다.
- 방향키로 자동차의 좌/우 회전 방법을 배워봅니다.

 코딩 포인트(Coding Point)

[동작] 팔레트
스프라이트의 움직임에 관련된 블록들로 이동 방향 또는 방향, 좌표 등을 이용하여 스프라이트를 움직이거나 마우스 포인터 또는 특정 스프라이트의 위치로 이동 및 해당 방향을 바라볼 때 사용합니다.

팔레트	블록	설명
동작	10 만큼 움직이기	현재의 위치에서 현재 방향으로 입력값만큼 이동합니다.
	방향으로 15 도 돌기	현재의 방향에서 입력값만큼 오른쪽으로 회전합니다.
	방향으로 15 도 돌기	현재의 방향에서 입력값만큼 왼쪽으로 회전합니다.

제06장 • 자동차 주차 달인되기　**39**

자동차 전진과 후진 작동하기

1 프로젝트 파일(자동차)을 열고 **자동차 스프라이트를 선택**한 후 [코드] 탭에서 [이벤트] 및 [동작] 팔레트를 이용하여 다음과 같이 **블록을 연결**합니다.

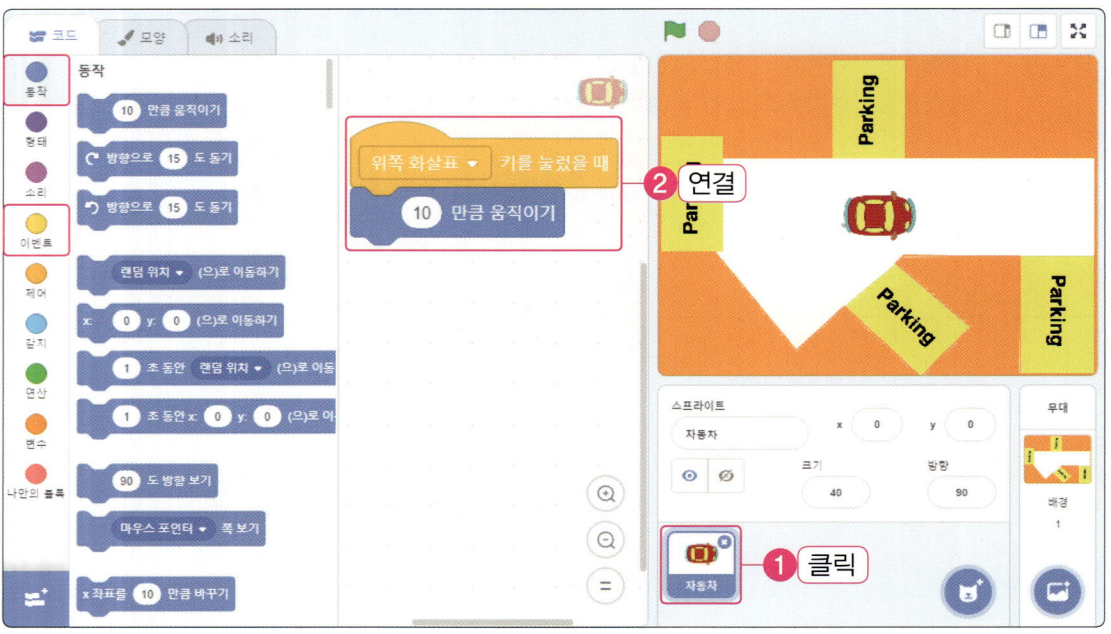

2 연결된 블록을 복사하기 위해 마우스 오른쪽 단추를 눌러 **바로 가기 메뉴의 [복사하기]를 클릭**한 후 **빈 공간에서 붙여넣기**한 다음 **수정**합니다.

TIP
아래쪽 화살표(↓) 키를 누르면 뒤로 10만큼 이동합니다.

자동차 좌우 회전 작동하기

1 왼쪽 화살표(←) 키를 누르면 왼쪽 방향으로 15도 회전하면서 이동하기 위해 다음과 같이 블록을 연결합니다.

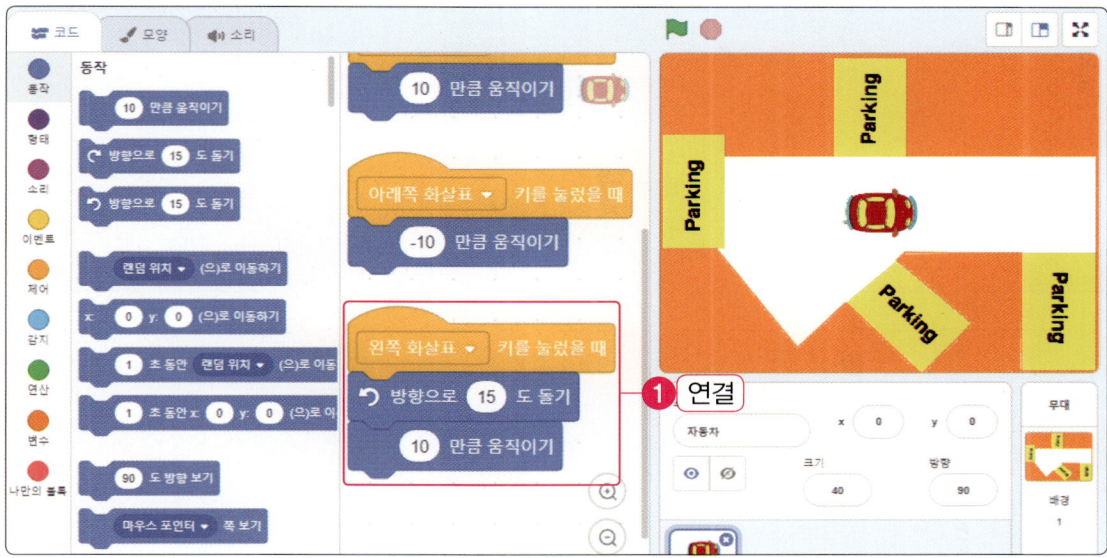

왼쪽 화살표(←) 키를 누르면 왼쪽으로 15도 회전하며 10만큼 앞으로 이동

2 같은 방법으로 **오른쪽 화살표(→) 키를 누르면 오른쪽 방향으로 15도 회전하면서 이동**하기 위해 다음과 같이 **블록을 연결**합니다.

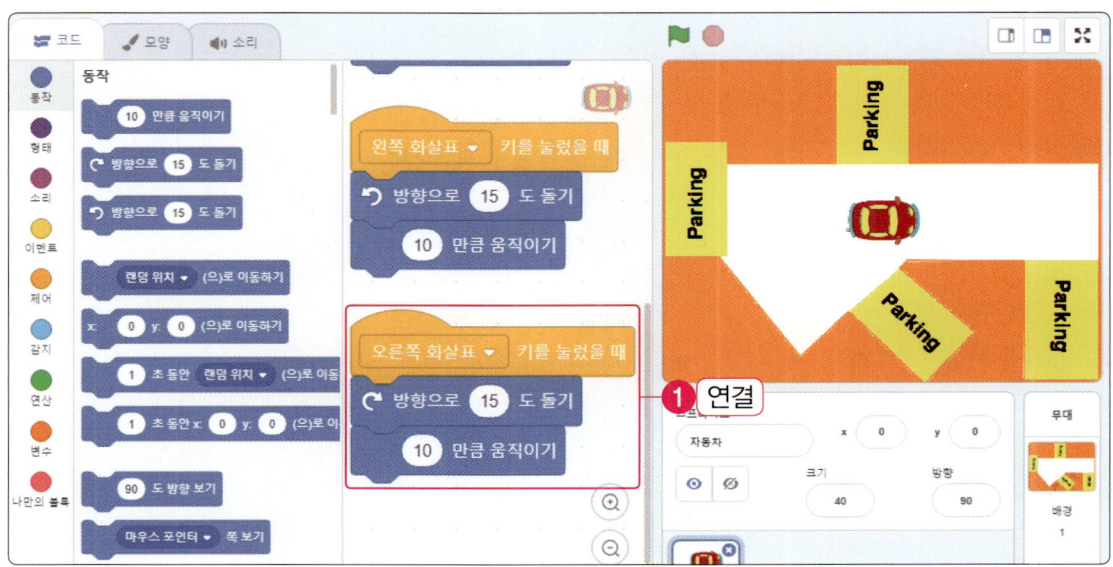

오른쪽 화살표(→) 키를 누르면 오른쪽으로 15도 회전하며 10만큼 앞으로 이동

3. ▶[시작하기]를 클릭한 후 키보드의 방향키(↑/↓/←/→)를 이용하여 자동차를 움직이면서 주차 공간에 차를 주차해보세요.

창의적 생각 만들기

방향키를 이용하여 자동차가 회전하는 블록 연결이 다음과 같이 있습니다. 같은 방향으로 회전하는 블록끼리 서로 연결해보세요. 그리고 그 이유를 생각해봅니다.

↻ 15 도 돌기 블록의 경우 입력값이 양수의 값일 경우 오른쪽으로 회전하는 명령 블록으로 사용되지만 반대로 입력값이 음수의 값이면 입력값만큼 반대 방향인 왼쪽으로 회전하게 된답니다.

창의력 향상문제 !!

문제 1 [딱정벌레.sb3] 파일을 이용하여 아래의 조건으로 코딩을 완성해 보세요.
- 위쪽 화살표(⬆) 키를 눌렀을 때 : 앞쪽 방향으로 5만큼 움직이기
- 아래쪽 화살표(⬇) 키를 눌렀을 때 : 뒤쪽 방향으로 5만큼 움직이기
- 왼쪽 화살표(⬅) 키를 눌렀을 때 : 왼쪽 방향으로 10도 회전하면서 왼쪽 방향으로 10만큼 움직이기
- 오른쪽 화살표(➡) 키를 눌렀을 때 : 오른쪽 방향으로 10도 회전하면서 오른쪽 방향으로 10만큼 움직이기

문제 2 [공항.sb3] 파일을 이용하여 아래의 조건으로 코딩을 완성해 보세요.
- 위쪽 화살표(⬆) 키를 눌렀을 때 : 앞쪽 방향으로 10만큼 움직이기
- 아래쪽 화살표(⬇) 키를 눌렀을 때 : 뒤쪽 방향으로 10만큼 움직이기
- 왼쪽 화살표(⬅) 키를 눌렀을 때 : 왼쪽 방향으로 15도 회전하면서 왼쪽 방향으로 10만큼 움직이기
- 오른쪽 화살표(➡) 키를 눌렀을 때 : 오른쪽 방향으로 15도 회전하면서 오른쪽 방향으로 10만큼 움직이기

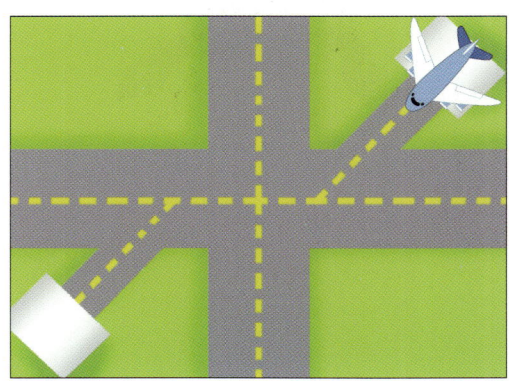
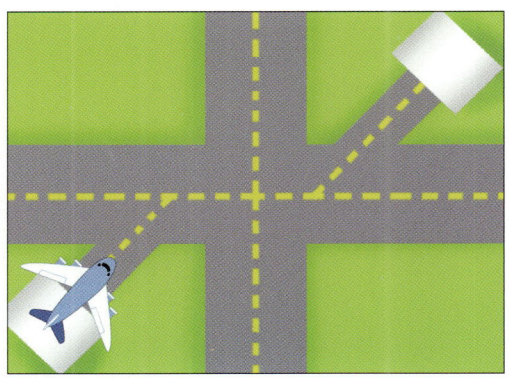

07 집중력 향상을 위한 앞송? 답송? 페이지

창의적인 생각을 갖고 있는지 테스트하는 문제입니다.
아래 예제와 같이 그림을 보고 연상되는 단어를 생각하여 정답을 적어보세요.

연상되는 단어 맞추기

예) 1
| 맘 | 마 | 미 | 아 |

예) 2
| 중 | 노 | 동 |

문제 1
| | | | |

문제 2
| | |

44 영재스쿨(3) · 스크래치 3.0

방향키로 헬리콥터 조종하기

- 스프라이트의 좌우 회전 방식의 변경 방법에 대해 배워봅니다.
- 좌표 변경 블록을 이용한 스프라이트의 이동 방법에 대해 배워봅니다.

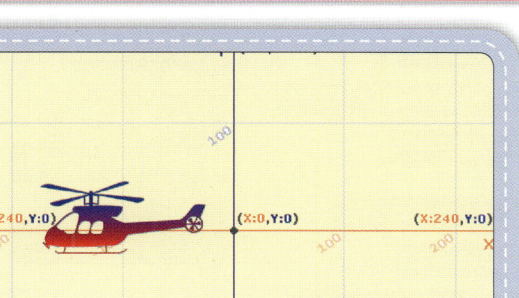
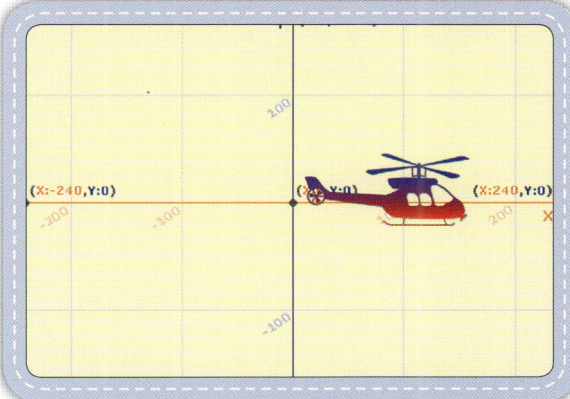
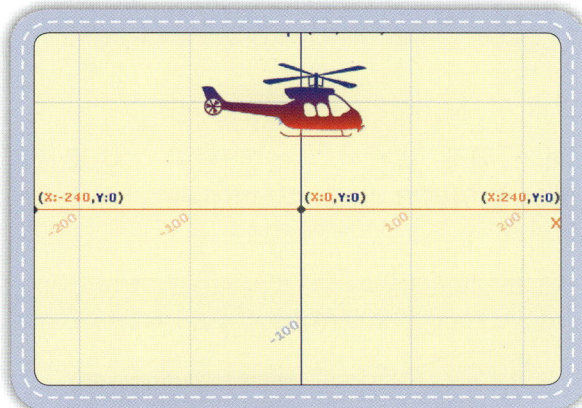
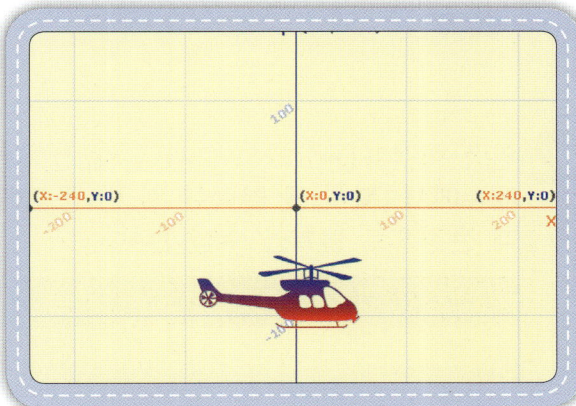

코딩 포인트(Coding Point)

바꾸기 블록(x좌표를 10 만큼 바꾸기)과 정하기 블록(x좌표를 0 (으)로 정하기)의 차이점

바꾸기 블록은 스프라이트가 위치한 좌표를 기준으로 입력값만큼 바꾸어 이동하며, 정하기 블록은 스프라이트의 위치에 관계없이 입력한 좌표값으로 이동합니다.

팔레트	블록	설명
동작	x좌표를 10 만큼 바꾸기	현재의 위치에서 x좌표 값에 입력된 값만큼 더해 위치로 이동합니다.
	y좌표를 10 만큼 바꾸기	현재의 위치에서 y좌표 값에 입력된 값만큼 더해 위치로 이동합니다.
	90 도 방향 보기	지정된 방향을 바라봅니다. (90 : 오른쪽, -90 : 왼쪽, 0 : 위쪽, 180 : 아래쪽)

제07장 · 방향키로 헬리콥터 조종하기

회전 방식 변경 및 좌표 블록 이용하기

1 프로젝트 파일(헬리콥터)을 열고 **헬리콥터 스프라이트의 방향을 왼쪽/오른쪽(↔) 회전 방식으로 수정**한 후 [코드] 탭에서 다음과 같이 **블록을 연결**합니다.

2 왼쪽 화살표(←) 키를 눌렀을 때 블록을 작성하기 위해 앞에서 작성한 블록의 **바로 가기 메뉴에서 [복사]를 클릭**한 후 **빈 공간에 클릭하여 붙여넣고 왼쪽 화살표(←) 키를 눌렀을 때 설정으로 블록을 수정**합니다.

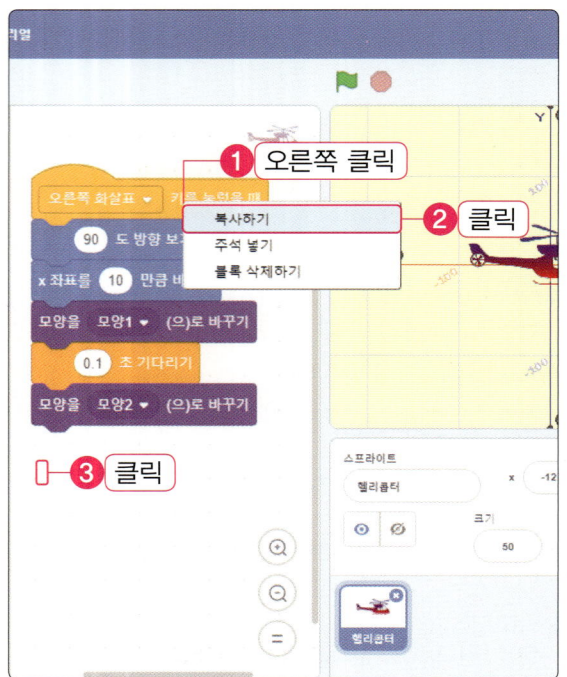
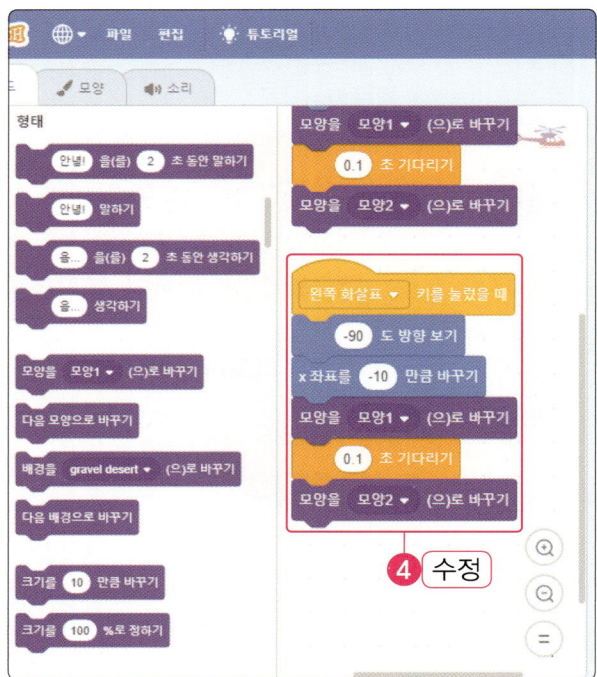

3 같은 방법으로 위쪽 화살표(↑) 키를 눌렀을 때와 아래쪽 화살표(↓) 키를 눌렀을 때 **블록을 연결**합니다.

4 ▶[시작하기]를 **클릭**한 후 방향키(↑/↓/←/→)를 눌러 헬리콥터가 해당 방향으로 이동하며 모양이 바뀌는지 확인합니다.

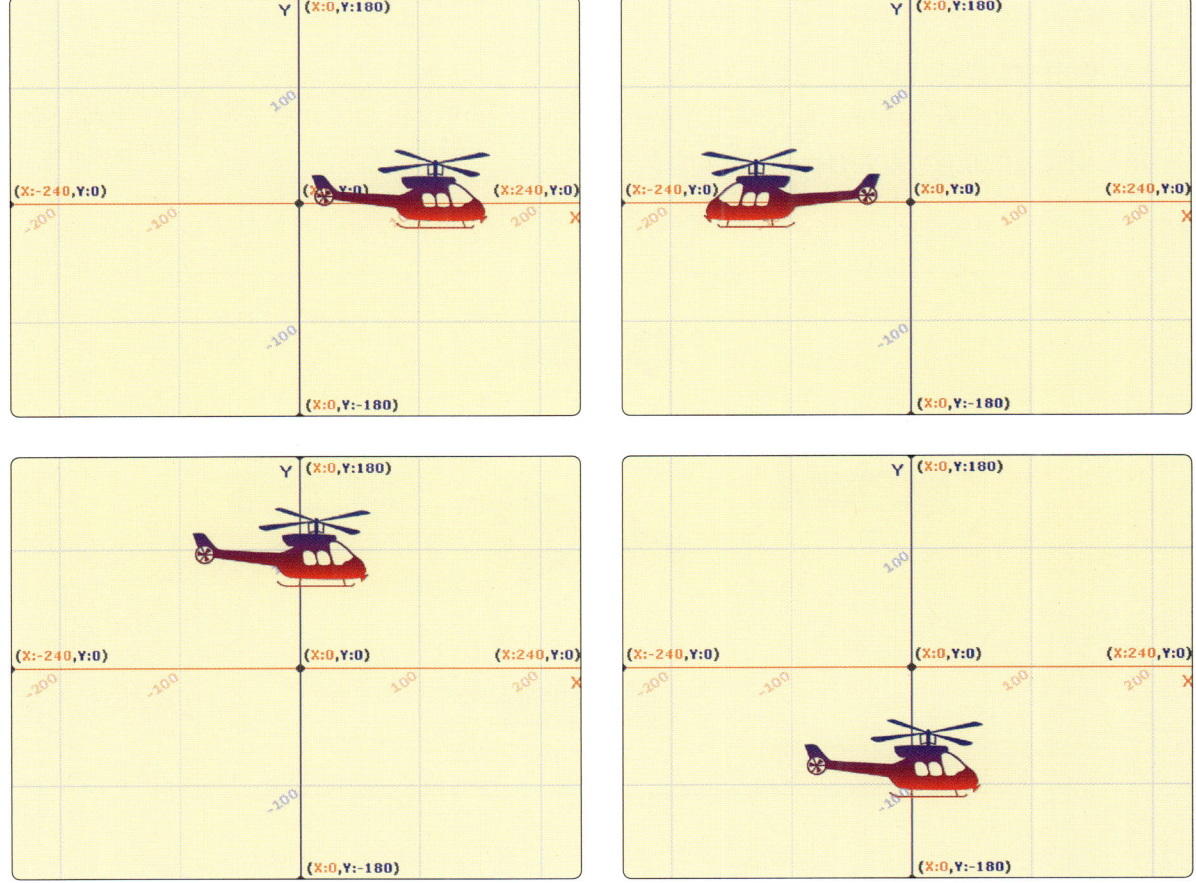

제07장 · 방향키로 헬리콥터 조종하기 **47**

무대의 좌표

스프라이트의 움직임을 설정하는 [x 좌표를 10 만큼 바꾸기] 블록과 [y 좌표를 10 만큼 바꾸기] 블록을 이용하며, 숫자값에 따라 이동 거리를 지정할 수 있습니다.

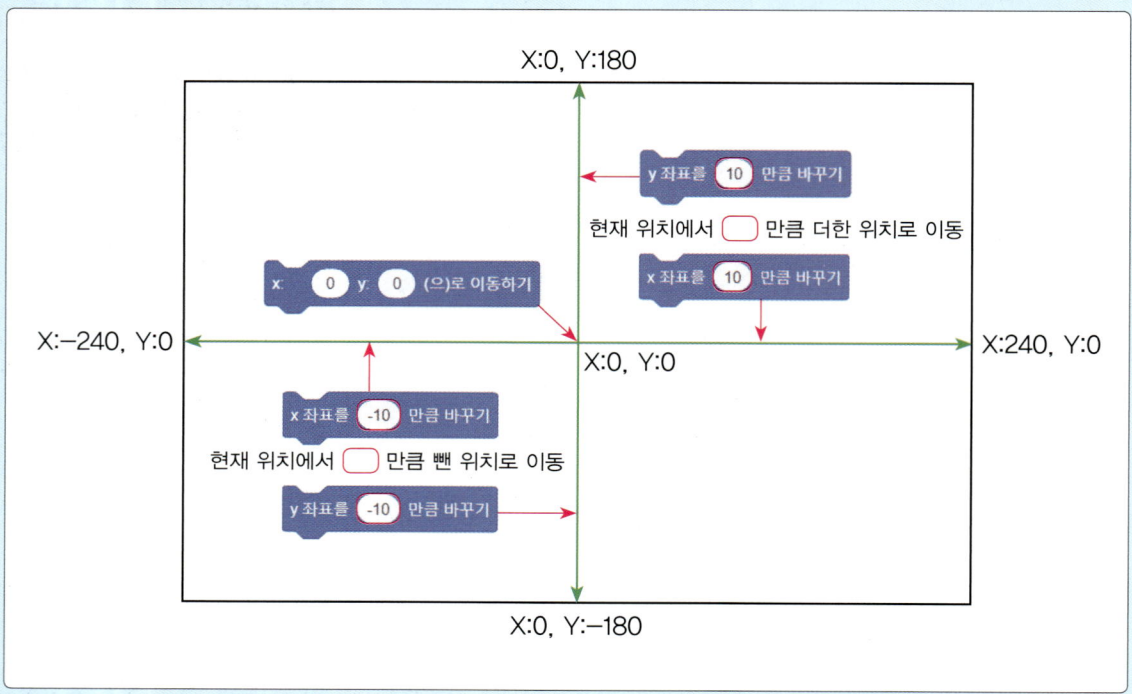

스프라이트의 방향

스프라이트의 방향을 설정하는 [90 도 방향 보기] 블록을 이용하여 목록 단추의 값에 따라 오른쪽(90), 왼쪽(-90), 위쪽(0), 아래쪽(180) 방향을 지정할 수 있습니다.

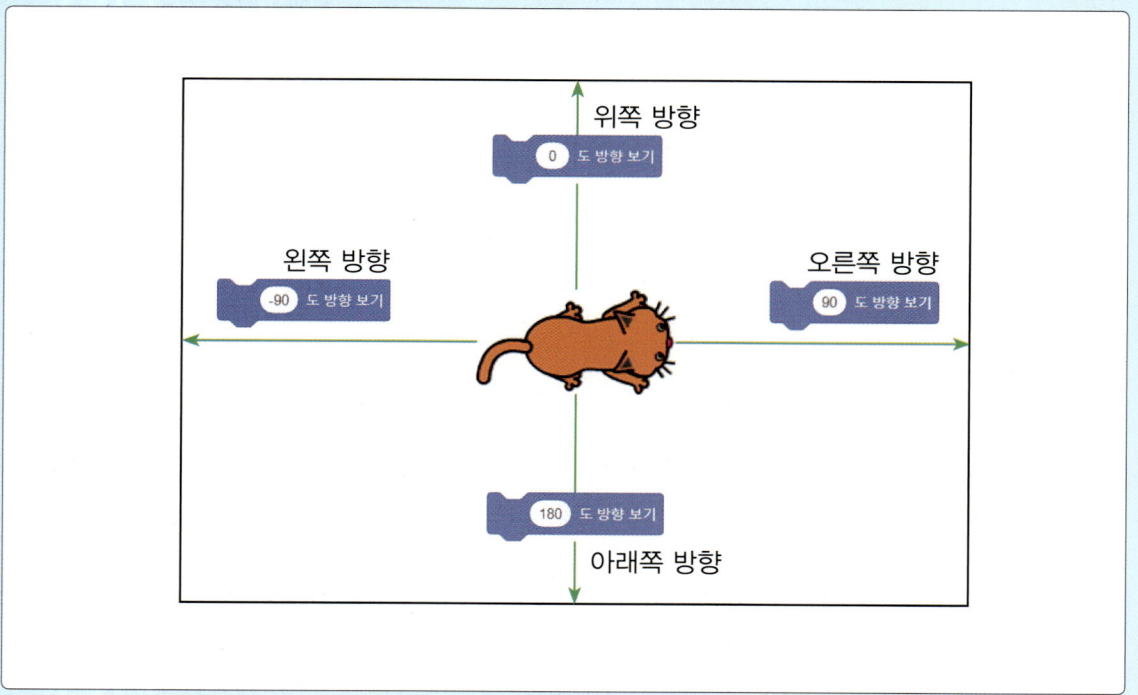

문제 1 [나비.sb3] 파일을 이용하여 아래의 조건으로 코딩을 완성해 보세요.
- 방향키(↑/↓/←/→)를 눌렀을 때 : 해당 방향으로 움직이며 모양 변경
- 이동 거리는 임의로 설정

문제 2 [공룡.sb3] 파일을 이용하여 아래의 조건으로 코딩을 완성해 보세요.
- 방향키(↑/↓/←/→)를 눌렀을 때 : 해당 방향으로 움직이며 모양 변경
- 이동 거리는 임의로 설정

1 비트맵 모드

[스프라이트 고르기]-[그리기]를 클릭한 후 [모양] 탭에서 [비트맵으로 바꾸기]를 클릭한 다음 도구를 이용하여 그림을 그립니다.

2 벡터 모드

[스프라이트 고르기]-[그리기]를 클릭한 후 도구를 이용하여 그림을 그립니다.

3 도구 사용하기

스프라이트 모양을 모두 지우거나 모양 저장소 및 저장 폴더에서 이미지를 추가할 수 있으며, 이미지의 크기 및 회전, 좌/우, 상/하 뒤집기 등의 작업을 수행할 수 있습니다.

4 모양 복사하기

스프라이트의 동작 모양을 만들 때 사용하는 기능으로 복사할 모양에서 바로 가기 메뉴의 [복사]를 클릭 후 모양이 복사되면 동작을 수정합니다.

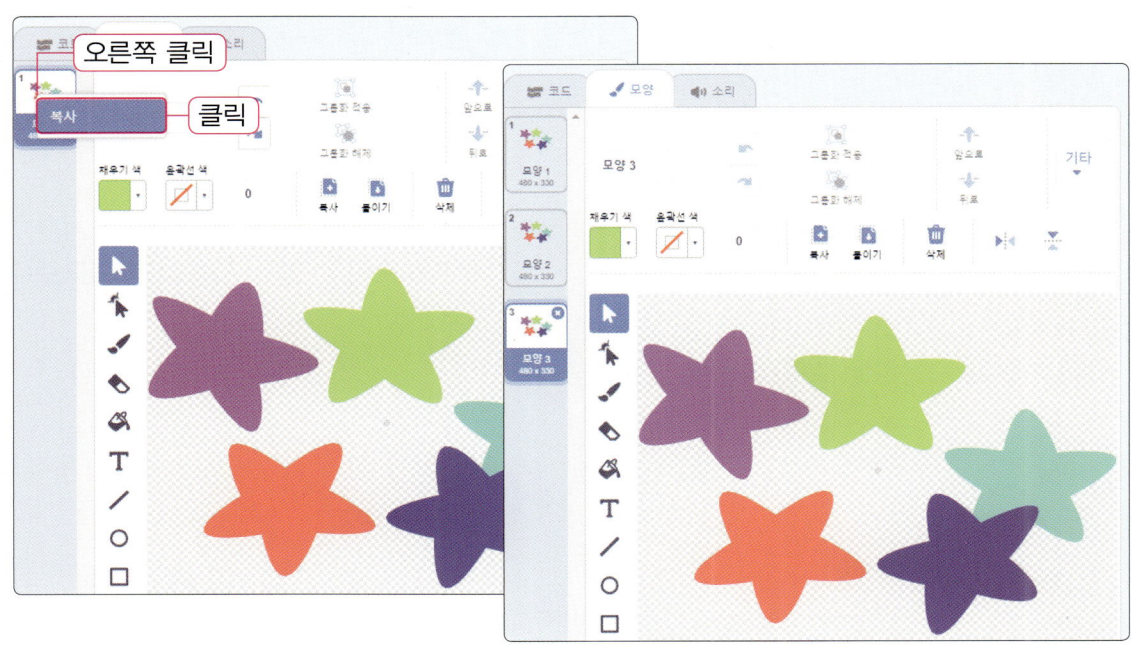

종합활동

[1~2 보기]

1. 보기의 두 동물 대화를 말하기 블록으로 만들 때 동시에 말하지 않고 오리가 말한 후 기다렸다가 강아지가 말하는 것처럼 꾸밀 때에 필요한 블록으로 옳은 것은?

   ① 1 초 기다리기
   ② 보이기
   ③ 모양을 모양 1 ▼ (으)로 바꾸기
   ④ 10 만큼 움직이기

2. 보기의 그림에서 오리가 말한 후 강아지가 기다렸다가 '오리구나! 반가워~~~'라고 말할 때 지연 시간으로 가장 적당한 시간은?

   ① 1시간 이후
   ② 2초 이후
   ③ 1초 이후
   ④ 4초 이후

3. 모양 탭에서 스프라이트 모양의 형태를 고칠려고할 때 사용하는 도구로 옳은 것은?

   ① ▶
   ② ✦
   ③ 🖌
   ④ ◆

4. 기본 크기의 스프라이트를 크게 확대하는 블록으로 옳은 것은?

   ① 크기를 10 만큼 바꾸기
   ② 크기를 -10 만큼 바꾸기
   ③ 크기를 100 %로 정하기
   ④ 크기를 80 %로 정하기

5. 다음 그림과 같이 코드를 연결한 후 A를 눌렀을 때 상황으로 옳은 것은?

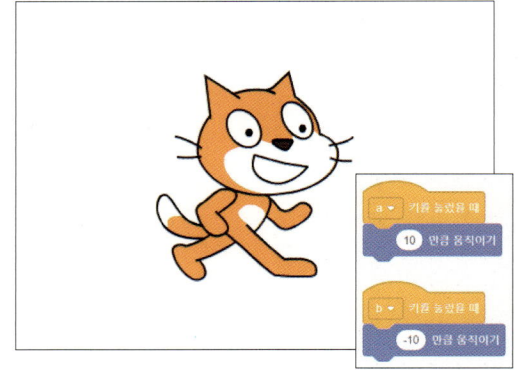

   ① 고양이 스프라이트가 앞으로 10만큼 이동한다.
   ② 고양이 스프라이트가 '10'이라고 생각한다.
   ③ 고양이 스프라이트가 '−10'이라고 말한다.
   ④ 고양이 스프라이트가 뒤로 10만큼 이동한다.

6. 다음 중 실행 창을 전체 화면 크기로 최대화하여 표시할 경우 사용하는 도구로 옳은 것은?

   ① 🚩
   ② ⤨
   ③ ⬣
   ④ ⤢

7. [박쥐] 파일의 박쥐에 방향 키를 눌렀을 때 해당 방향으로 이동하며 날개가 움직이도록 코드 블록을 연결하려고 합니다. 빠진 코드 블록을 만들어 보세요.

▲ 실행 창

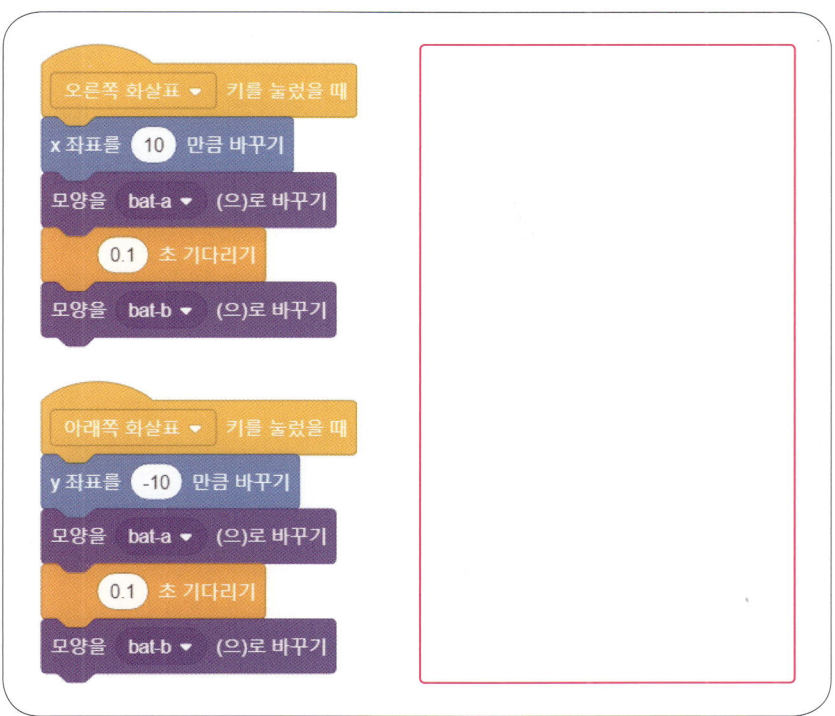

▲ 스크립트 창

09 집중력 향상을 위한 앗쏭? 닷쏭? 페이지

고래, 생쥐얼굴, 고무장갑, 국자, 삼각자, 오리발, 카우보이 모자가 숨겨져 있어요. 그리고 노란색 말풍선에 재미있는 말로 빈칸을 채워보세요~

숨은 그림 찾기

자유롭게 움직이는 수족관의 물고기

오늘의 놀이
- 임의의 속도로 움직이는 물고기를 만드는 방법에 대해 배워봅니다.
- 임의의 방향으로 움직이는 물고기를 만드는 방법에 대해 배워봅니다.
- 좌우로만 회전하도록 설정하는 방법에 대해 배워봅니다.

코딩 포인트 (Coding Point)

임의의 난수를 만드는 블록( ) 알아보기

난수란 무작위 수라고도 하며, 인수 안에 표시된 두 수 사이 임의의 수를 만들 때 사용합니다. 블록 안의 두 수의 경우 모두 정수를 입력한 경우 정수로 난수를 만들며, 두 수 중에서 하나라도 소수를 입력한 경우 소수로 난수를 만듭니다.

팔레트	블록	설명
동작	회전 방식을 왼쪽-오른쪽 (으)로 정하기	회전 방식을 지정합니다. • 왼쪽 - 오른쪽 : 좌우 회전만 가능합니다. • 회전하기 : 360도 원하는 방향으로 회전합니다. • 회전하지 않기 : 회전을 할 수 없습니다.
	벽에 닿으면 튕기기	해당 스프라이트가 벽에 닿으면 튕겨져 나옵니다.
연산	1 부터 10 사이의 난수	입력한 두 수 사이에서 선택된 임의의 수(난수)의 값을 정합니다.

물고기의 움직이는 속도 임의로 정하기

1 프로젝트 파일(수족관)을 열고 물고기 스프라이트에 다음과 같이 **블록을 연결**하여 **물고기가 임의의 속도로 이동하며, 벽에 닿을 경우 반대 방향으로 바꾸어 계속 움직이도록** 설정합니다.

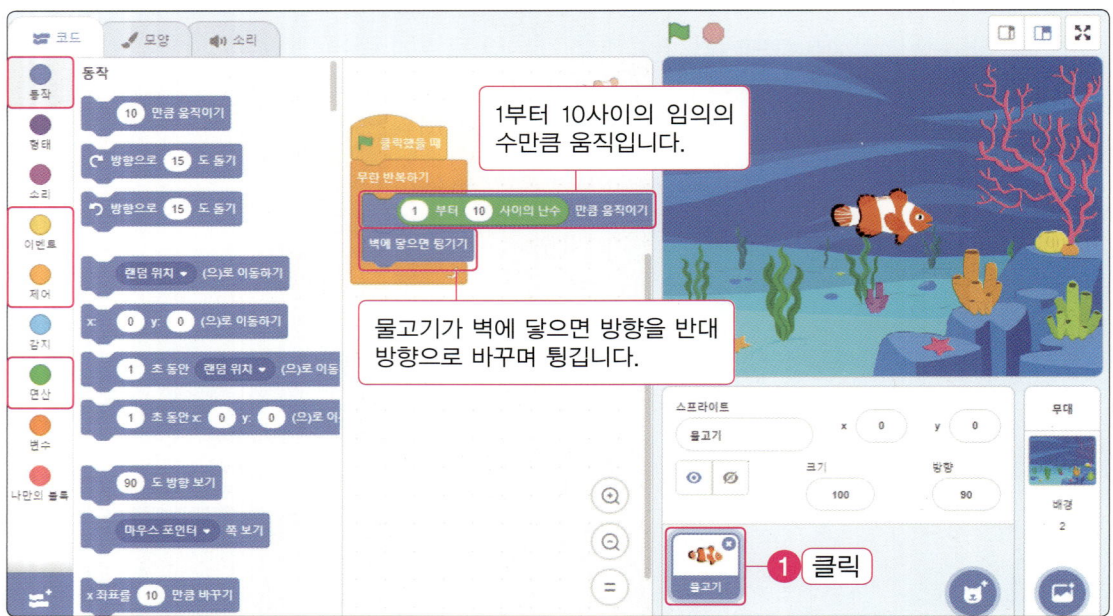

▲ [시작하기]를 클릭하면 물고기가 1~10 사이 임의의 값 만큼 이동하며 화면의 오른쪽 끝에 닿은 경우 물고기가 뒤집어진 모양으로 바뀌어 표시됩니다.

🚩 TIP

블록 안에 블록 끼워넣기

[연산] 팔레트의 `1 부터 10 사이의 난수` 블록을 `10 만큼 움직이기` 블록의 인수 안으로 드래그하면 블록 안에 끼워넣을 수 있습니다.

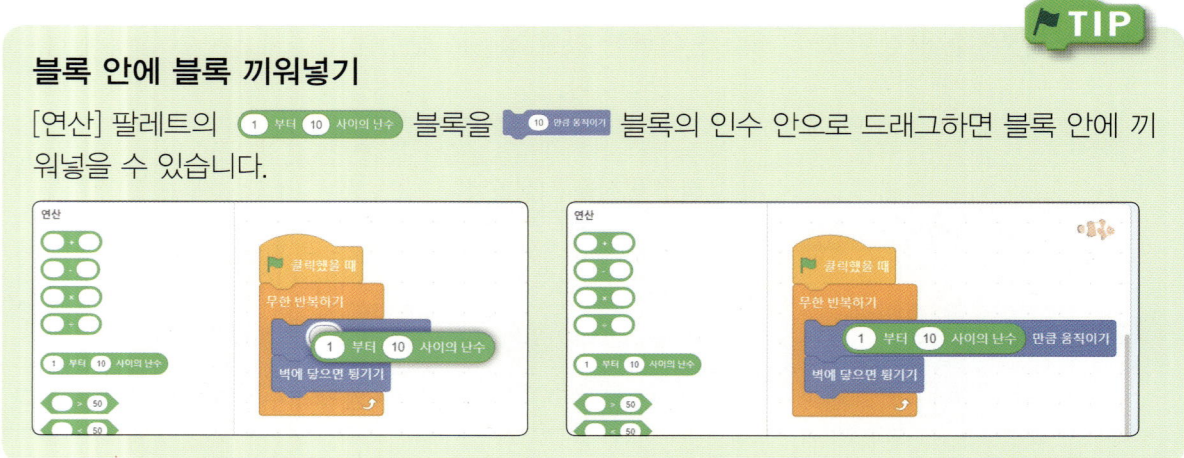

물고기의 회전 방향을 좌우로만 정하기

1 물고기 스프라이트의 **방향**을 클릭한 후 회전 방식을 ▶◀[왼쪽/오른쪽]을 선택합니다.

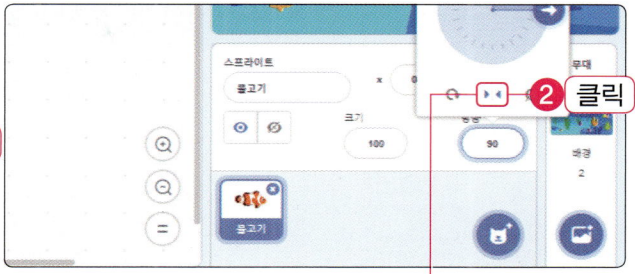

[동작] 팔레트의 [회전방식을 왼쪽오른쪽으로 정하기] 블록과 같은 기능을 수행

▲ [시작하기]를 클릭하면 물고기가 1~10 사이 임의의 값 만큼 이동하며 화면의 벽에 닿을 경우 물고기의 좌우 모양이 바뀌어 표시됩니다.

🚩 TIP

방향의 회전방식 알아보기

스프라이트의 회전 방식에는 스프라이트가 어느 각도든지 자유롭게 회전할 수 있는 회전하기(↻)와 좌우로만 회전할 수 있는 왼쪽/오른쪽(▶◀), 그리고 어느 각도로도 움직이지 않고 고정되는 회전하지 않기(⊘) 등이 있으며, [동작] 팔레트의 [회전 방식을 왼쪽-오른쪽▼ (으)로 정하기] 블록을 사용해도 됩니다.

▲ 회전하기(↻)　　　▲ 왼쪽/오른쪽(▶◀)　　　▲ 회전하지 않기(⊘)

제09장 · 자유롭게 움직이는 수족관의 물고기 **57**

물고기의 이동 방향을 임의로 정하기

1 다음과 같이 블록을 추가하여 **물고기가 임의의 방향으로 이동하며, 벽에 닿을 경우 반대 방향으로 바꾸어 계속 움직이도록 설정**합니다.

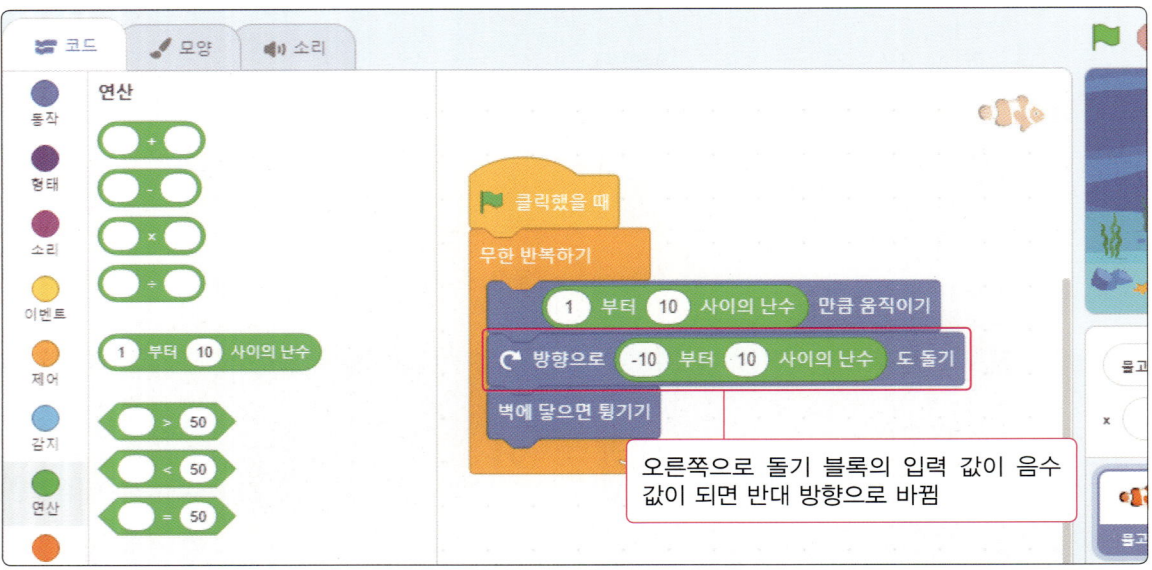

오른쪽으로 돌기 블록의 입력 값이 음수 값이 되면 반대 방향으로 바뀜

2 🚩**[시작하기]를 클릭**한 후 물고기의 이동 속도 및 이동 방향이 지정된 임의의 값만큼 바뀌면서 이동하며, 화면 끝에 닿은 경우 좌우 모양만 바뀌며 튕겨져 표시됩니다.

창의력 향상문제!!

문제 1 [방울.sb3] 파일을 이용하여 아래의 조건으로 코드를 작성해 보세요.
- 방울(노란,초록,파란,핑크) 스프라이트의 이동 속도를 임의로 수정하기
- 방울(핑크,파란,초록,노란) 스프라이트 : [시작하기]를 클릭하면 이동 속도 및 이동 방향을 임의로 조절하며, 벽에 닿으면 튕기도록 코딩하기

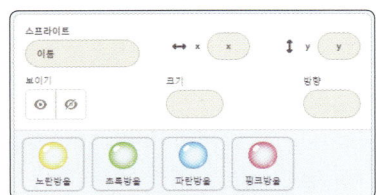

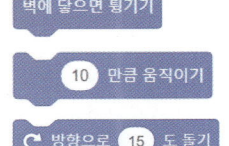

문제 2 [축구.sb3] 파일을 이용하여 아래의 조건으로 코드를 작성해 보세요.
- 축구공 스프라이트 : [시작하기]를 클릭하면 1~20 사이의 난수 속도로 계속 반복해서 이동하며, 이동 방향을 -10 ~ 10 사이의 난수 만큼 회전, 벽에 닿으면 튕기도록 코딩하기

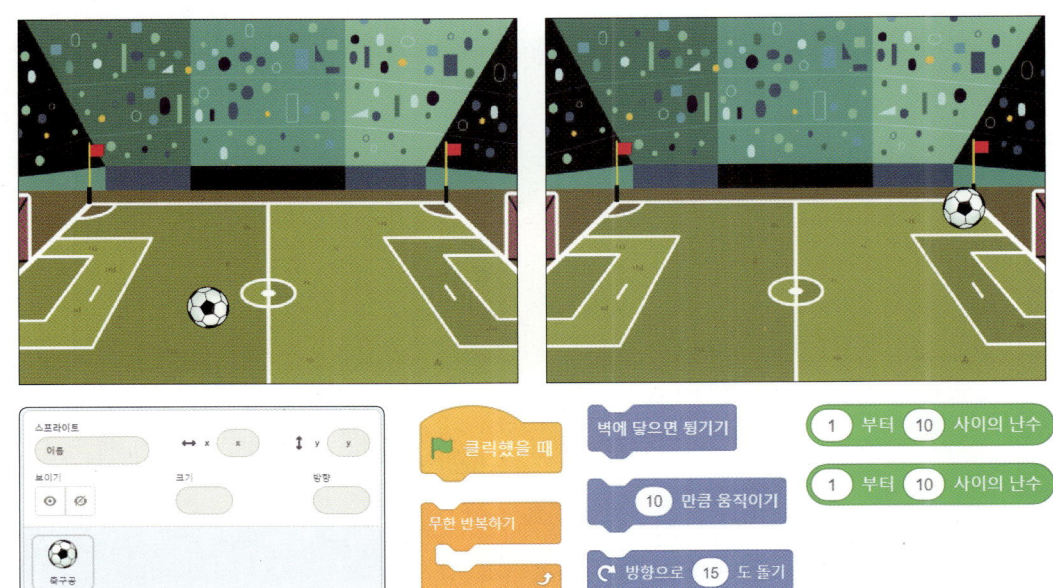

10 집중력 향상을 위한 앗쏭? 답쏭? 페이지

들판에 다양한 곤충들이 즐거운 시간을 보내고 있어요. 가로 줄과 세로 줄에 서로 같은 그림이 들어가지 않도록 빈 칸에 알맞은 그림을 그려 넣어 보세요.

그림 스도쿠

바닷속 헤엄치는 물고기

- 바닷속 헤엄치는 물고기를 만드는 방법에 대해 배워봅니다.
- 특정 색에 닿을 경우 방향을 바꾸는 방법에 대해 배워봅니다.
- 스프라이트의 복사 방법에 대해 배워봅니다.

 코딩 포인트 (Coding Point)

조건/판단 블록 만들기

 만약, 지정된 색에 닿았다면 블록 안에 포함된 블록을 실행하고 그렇지 않으면 아래에 연결된 블록들을 실행합니다.

팔레트	블록	설명
감지	색에 닿았는가?	스프라이트가 지정된 색에 닿았는지 확인합니다.
제어	만약 ~(이)라면	만약 판단이 '참'이면 감싸고 있는 블록들을 실행합니다.
동작	마우스 포인터 ▼ 쪽 보기	마우스 포인터 또는 선택한 스프라이트 방향을 바라봅니다.

헤엄치는 물고기 만들기

1 프로젝트 파일(바다)을 열고 **레이아웃을 변경**합니다. 그런다음 물고기 스프라이트에 다음과 같이 **블록을 연결**하여 헤엄치는 물고기를 만듭니다.

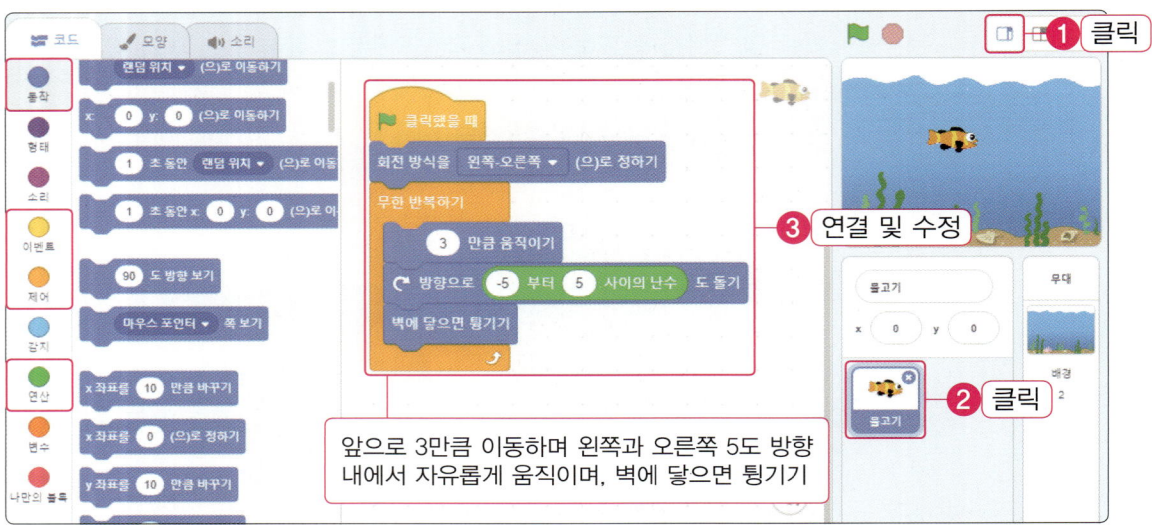

2 물고기가 **물 위로 올라올 경우 아래 방향으로 방향을 바꾸도록 설정**하기 위해 다음과 같이 **블록을 연결**합니다.

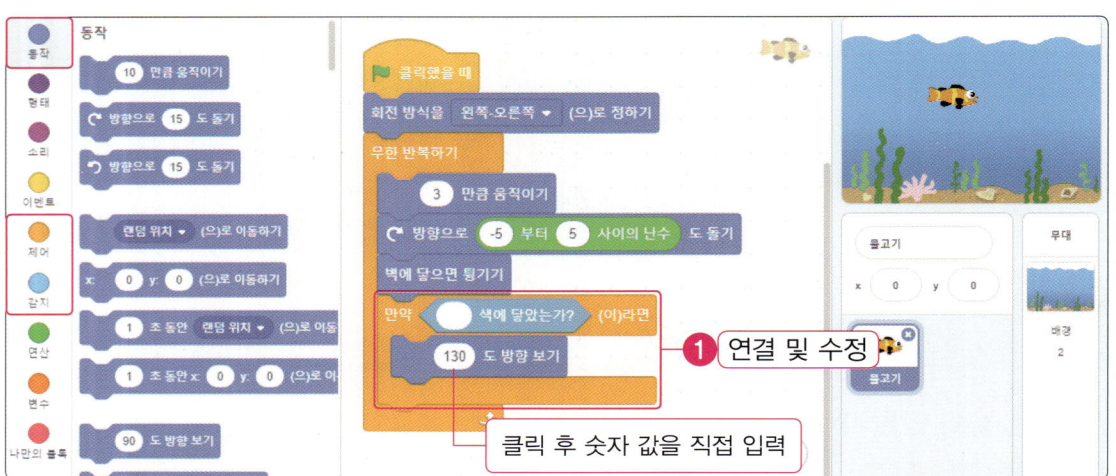

TIP

[색에 닿았는가?] 블록 안의 색 부분을 클릭한 후 [스포이드]를 클릭한 다음 화면에서 지정할 색(흰색) 부분을 클릭하면 해당 색으로 블록 안의 색이 바뀝니다.

스프라이트 복사하기

1 물고기 스프라이트에서 **바로 가기 메뉴의 [복사]를 클릭**합니다.

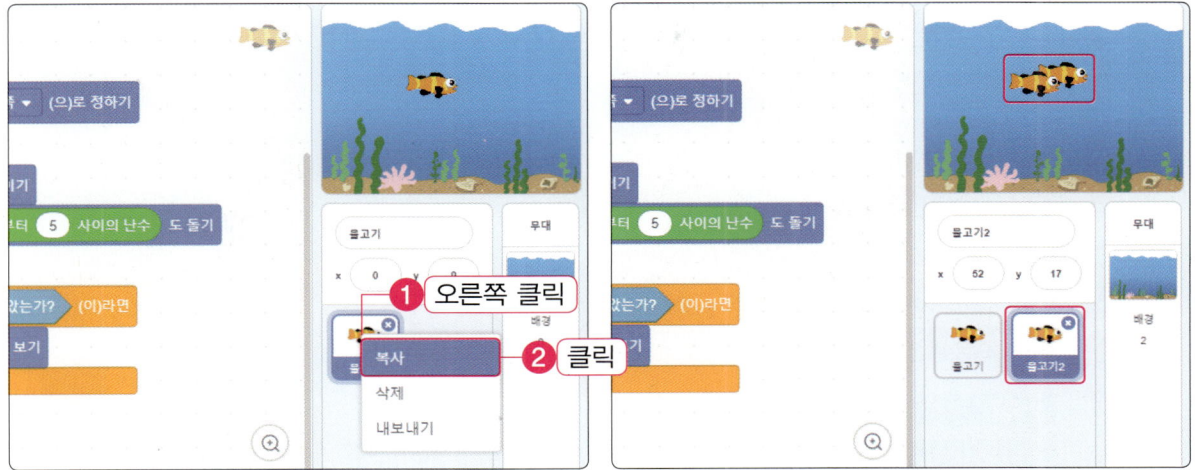

2 **레이아웃을 변경**한 후 **물고기의 크기를 임의로 지정**합니다.

3 같은 방법으로 **스프라이트를 복사하고 크기를 조절**합니다.

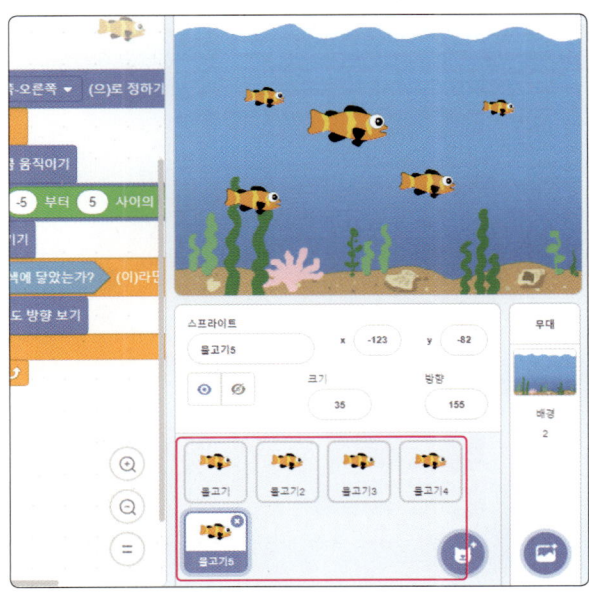

> 🚩 **TIP**
> 스프라이트를 드래그하여 위치를 조절합니다.

4 ▶[시작하기]를 **클릭**한 후 물고기의 이동 방향이 지정된 임의의 값만큼 바뀌면서 위쪽 흰색 부분에 닿았을 경우 아래로 내려오는지 확인합니다.

♥ 창의적 생각 만들기

특정 스프라이트를 이용한 방향 바꾸기

아래 그림과 같이 [진주] 스프라이트를 바다 밑바닥 부분에 위치한 후 물고기가 물위로 올라갈 경우 흰색 부분에 닿으면 바다 밑에 위치한 [진주] 스프라이트 쪽 방향을 보고 이동하도록 블록으로 연결하여 설정할 수도 있습니다.

창의력 향상문제!!

문제 1 [풍선.sb3] 파일을 이용하여 아래의 조건으로 코드를 작성해 보세요.
- 회전 방식을 좌우로하여 이동 속도 및 방향을 임의로 조절하고 벽에 닿으면 튕기기
- 풍선이 갈색 바닥에 닿으면 위쪽 방향으로 방향이 전환되어 땅에 닿지 않도록 수정

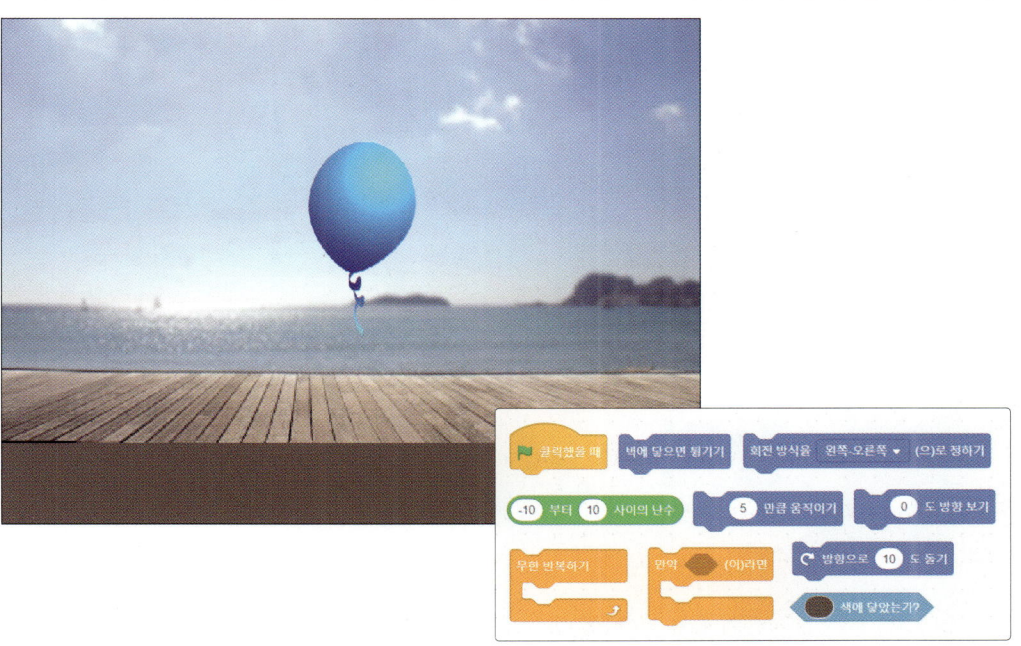

문제 2 [축구경기.sb3] 파일을 이용하여 아래의 조건으로 코드를 작성해 보세요.
- 회전 방식을 자유롭게하여 이동 속도 및 방향을 임의로 조절하고 벽에 닿으면 튕기기
- 축구공이 진한 갈색에 닿으면 중앙 스프라이트 방향으로 전환되며 양쪽 골대에 들어가면 다시 튕기기

제10장 · 바닷속 헤엄치는 물고기 **65**

모래 위의 개미지옥 만들기

오늘의 놀이
- 모래 위에서 자유롭게 움직이는 개미를 만드는 방법에 대해 배워봅니다.
- 함정에 닿을 경우 1초 동안 숨겼다가 다시 보이는 방법에 대해 배워봅니다.
- 함정에 빠진 개미를 처음 위치에서 다시 움직이는 방법에 대해 배워봅니다.

 코딩 포인트 (Coding Point)

조건/판단 블록 만들기

 만약, 마우스 포인터, 벽, 스프라이트 중에서 지정된 항목에 닿았을 경우 블록이 감싸고 있는 블록들을 실행합니다.

팔레트	블록	설명
감지	마우스 포인터▼ 에 닿았는가?	마우스 포인터, 벽 또는 특정 스프라이트에 닿은 경우 '참'으로 판단합니다.
제어	만약 ◇ (이)라면	만약 판단이 '참'이면 감싸고 있는 블록들을 실행합니다.
동작	x 0 y 0 (으)로 이동하기	스프라이트가 입력한 X와 Y좌표로 이동합니다. (스프라이트의 중심점이 기준이 됩니다.)

자유롭게 움직이는 개미 만들기

1 프로젝트 파일(개미지옥)을 열고 **레이아웃을 변경**합니다. 그런다음 움직이는 개미를 만들기 위해 다음과 같이 **블록을 연결**합니다.

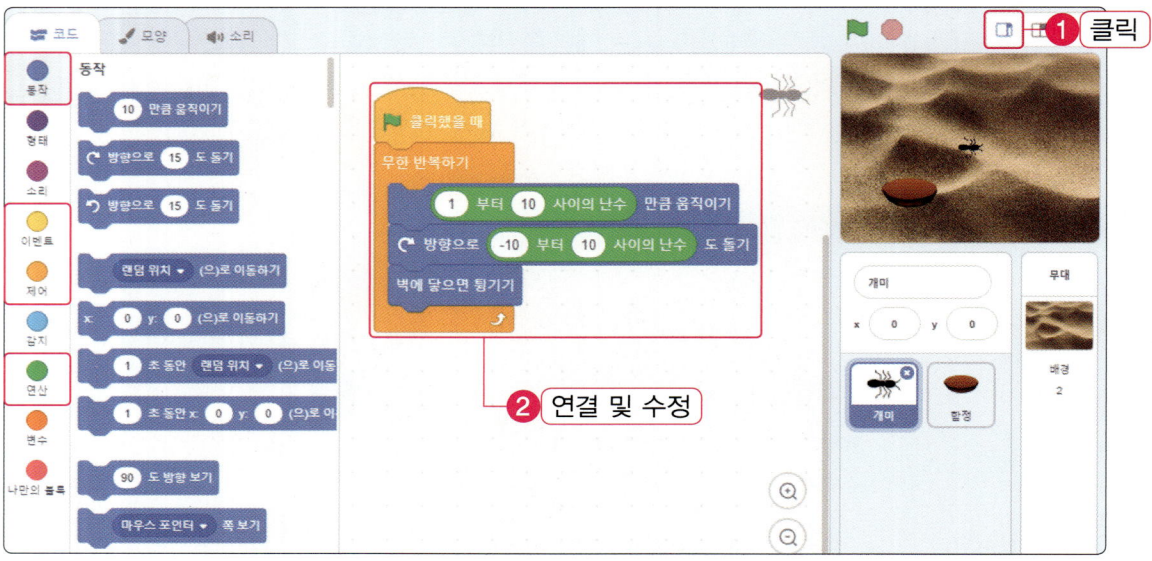

> **TIP**
> 개미를 1~10 사이의 속도와 좌우 10도 사이의 방향으로 실행 창에서 움직이며 벽에 닿았을 경우 회전 방향을 반대 방향으로 바꾸어 반복해서 움직입니다.

2 만약 함정에 닿았을 경우 개미를 숨겼다가 1초를 기다린 후 다시 보이도록 설정하는 블록을 연결합니다.

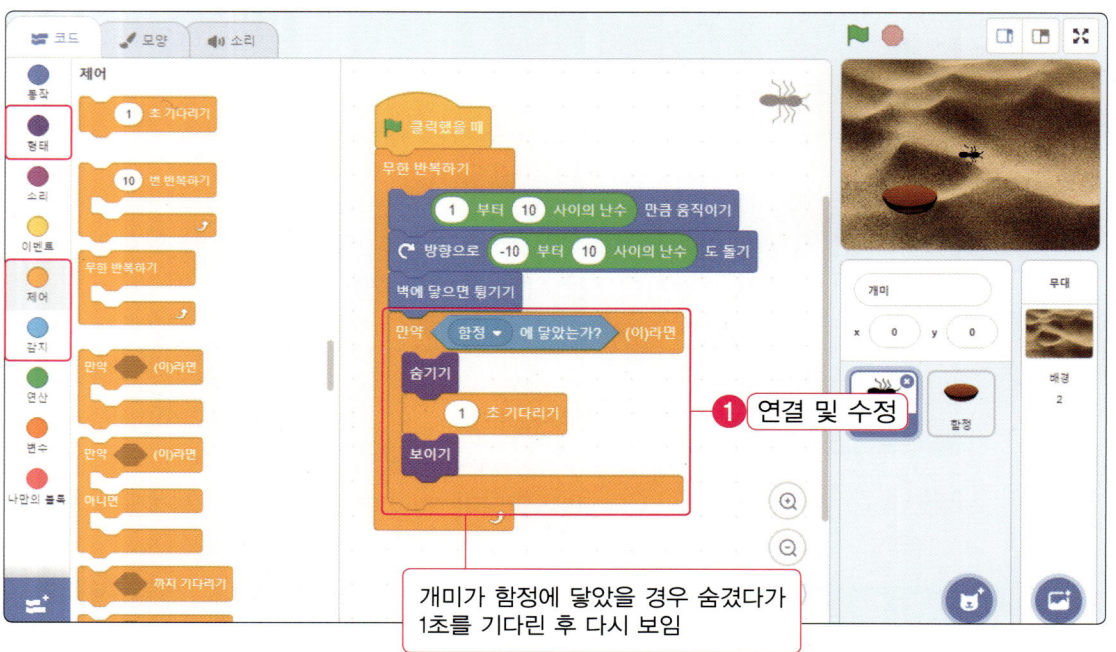

개미가 함정에 닿았을 경우 숨겼다가 1초를 기다린 후 다시 보임

♥ 창의적 생각 만들기

블록 안에 블록 끼워넣기

스크립트 창에 블록을 연결한 후 블록을 블록의 뾰족한 모양의 구멍에 드래그하여 끼워넣은 다음 [목록] 단추를 클릭하고 [함정]을 선택합니다.

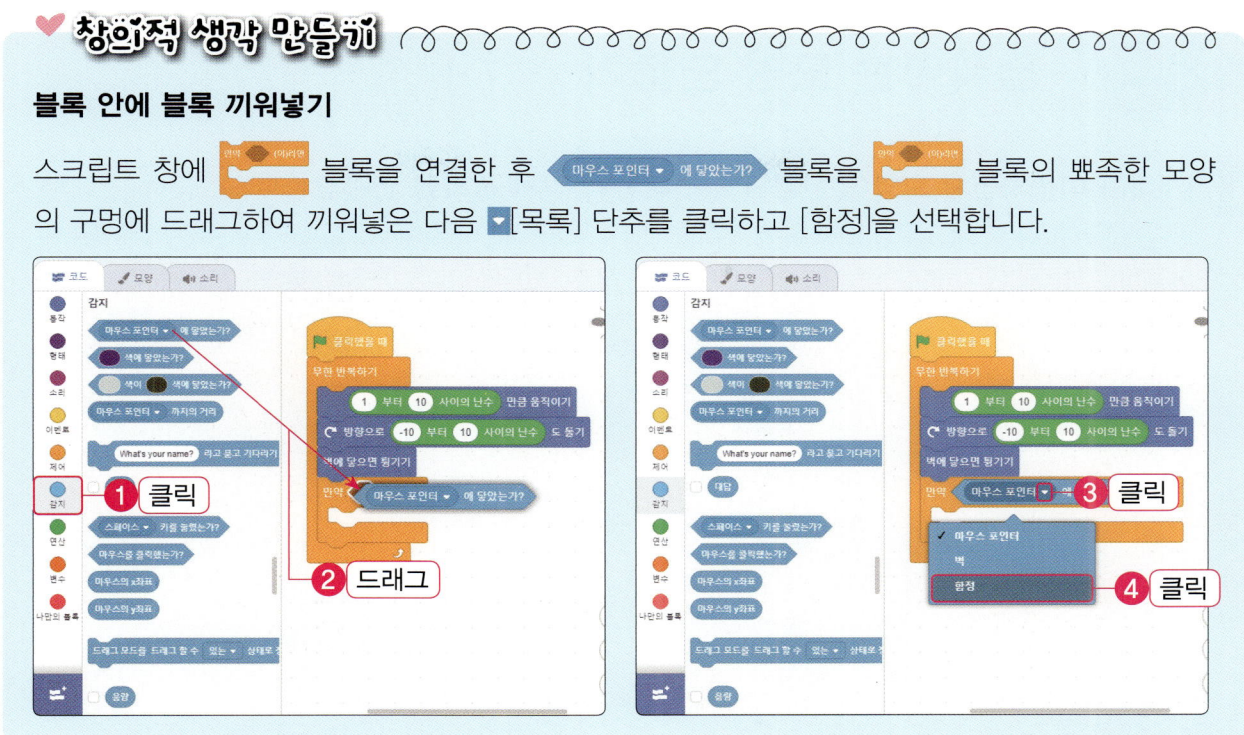

3 함정에 빠진 경우 실행 창의 가운데 지점에서 오른쪽 방향을 보고 다시 시작되도록 다음과 같이 **블록을 연결**합니다.

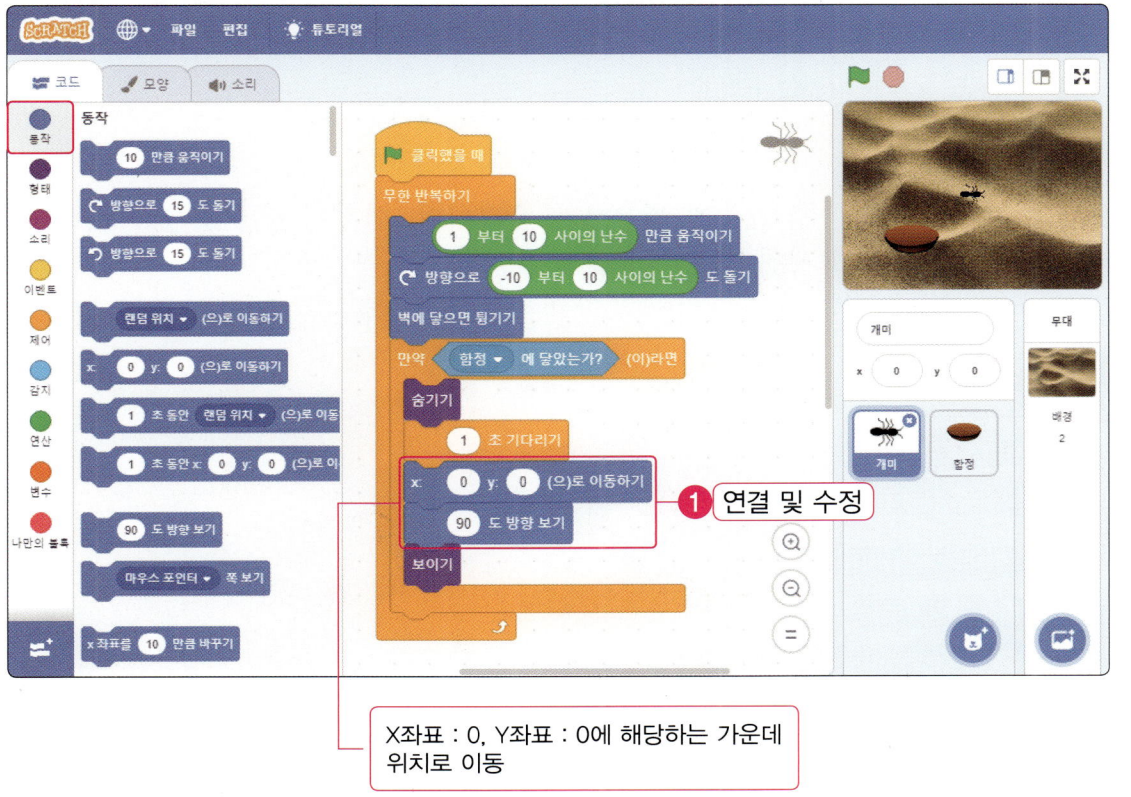

X좌표 : 0, Y좌표 : 0에 해당하는 가운데 위치로 이동

제11장 · 모래 위의 개미지옥 만들기 **69**

움직이는 모양 만들기

1 개미가 이동하면서 모양이 변경되도록 다음과 같이 블록을 연결합니다.

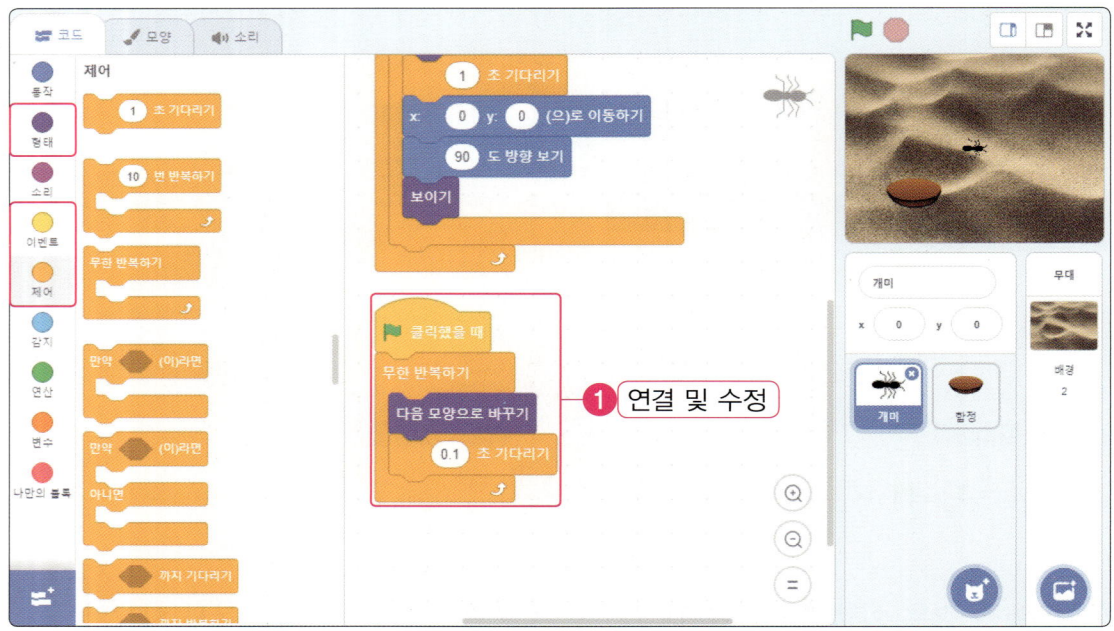

> **TIP**
> ▶[시작하기]를 클릭하면 개미의 모양을 무한 반복해서 다음 모양으로 바꾸며 0.1초 기다리기를 통해 모양이 바뀌는 모습을 확인할 수 있습니다.

2 ▶[시작하기]를 클릭한 후 개미가 자유롭게 움직이며, 함정에 닿았을 경우 잠깐 숨겼다가 특정 위치에 다시 표시된 다음 자유롭게 움직이는지 확인합니다.

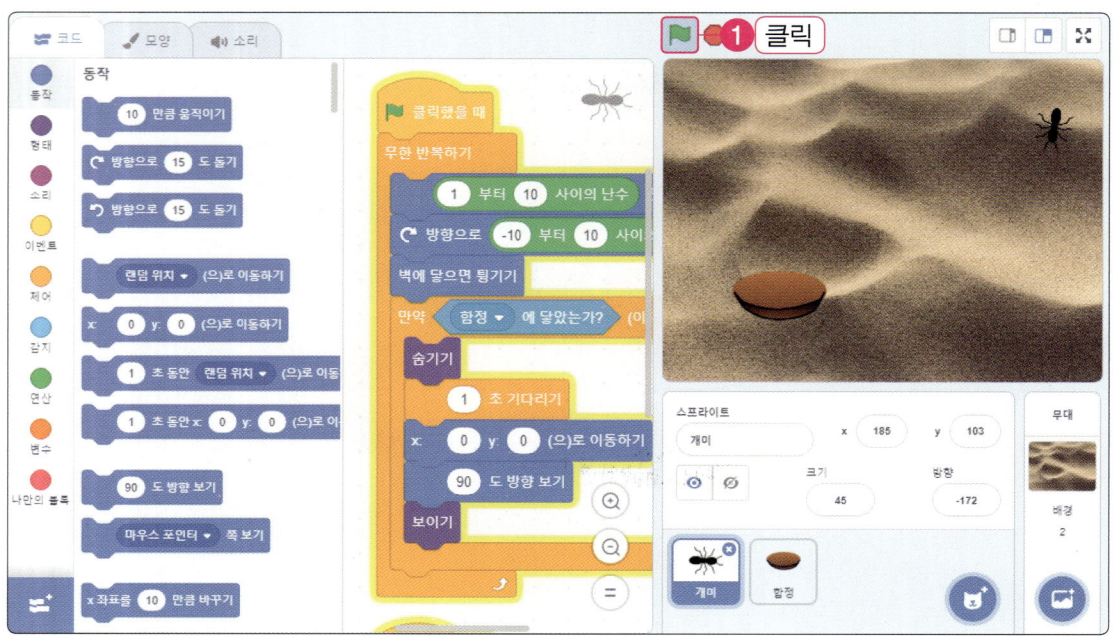

문제 1 [마리오.sb3] 파일을 이용하여 아래의 조건으로 코드를 작성해 보세요.
- 마리오 스프라이트 : 만약 맨홀에 닿았을 경우 모양을 숨기고 1초 동안 기다린 다음 특정 위치(X : 0, Y : 0)에서 다시 움직이기

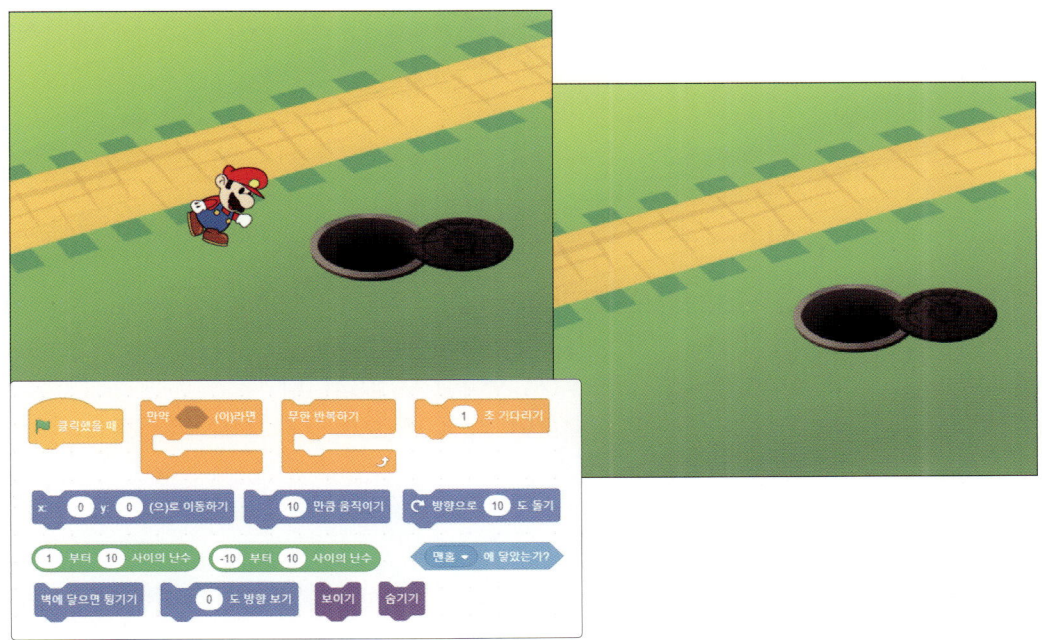

문제 2 [파리퇴치기.sb3] 파일을 이용하여 아래의 조건으로 코드를 작성해 보세요.
- 파리 스프라이트 : 만약 파리퇴치기에 닿았을 경우 모양을 숨기고 1초 동안 기다린 다음 특정 위치(X : 0, Y : -100)에서 다시 움직이기

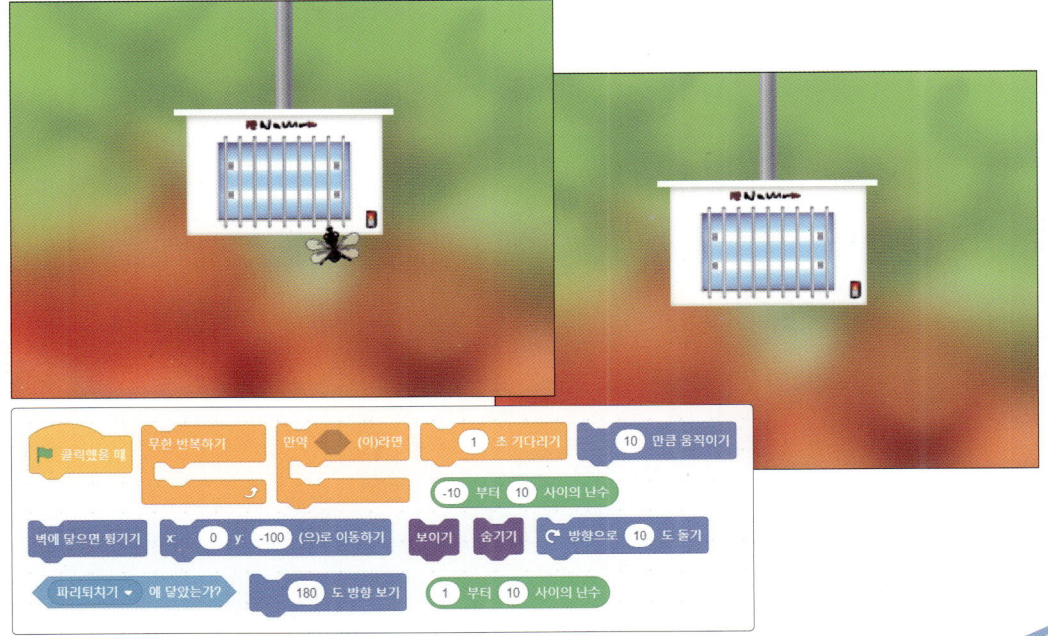

제11장 · 모래 위의 개미지옥 만들기 **71**

12 집중력 향상을 위한 앗쏭? 닷쏭? 페이지

아래의 규칙을 이용하여 모든 빈 칸을 통과하면서 한 번 지나간 칸은 다시 지나가지 않는 방법으로 도착지까지 도달하는 길을 찾아보세요.

규칙에 맞는 길찾기

규칙

1. 😊이 있는 칸은 통과할 수 없습니다.
2. 😊이 없는 칸은 반드시 통과해야 합니다.
3. 한 번 통과한 칸은 다시 지나갈 수 없습니다.
4. 가로와 세로 방향으로만 갈 수 있으며, 대각선으로는 통과할 수 없습니다.

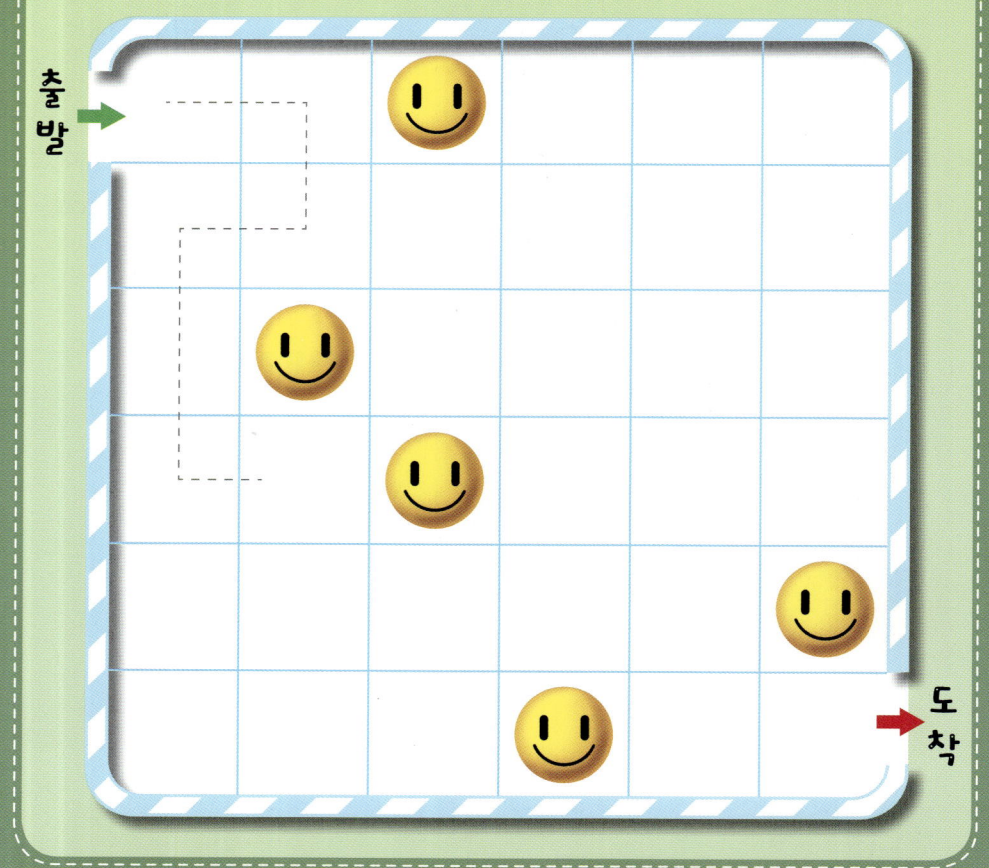

좌우로 움직이는 고양이

- 좌우 방향키로 이동하는 고양이를 만드는 방법에 대해 배워봅니다.
- 좌우 이동하면서 고양이의 방향을 바꾸는 방법에 대해 배워봅니다.
- 이동하면서 걷는 동작을 만드는 방법에 대해 배워봅니다.

 코딩 포인트(Coding Point)

핵심 블록 알아보기

팔레트	블록	설명
감지	스페이스 ▼ 키를 눌렀는가?	선택한 키가 눌려져 있는 경우 '참'으로 판단합니다.
제어	만약 (이)라면	만일 판단이 '참'이면 감싸고 있는 블록들을 실행합니다.
형태	모양을 모양1 ▼ (으)로 바꾸기	스프라이트 모양을 지정된 모양으로 바꿉니다.

좌우 방향키로 이동하는 고양이

1 프로젝트 파일(움직이는 고양이)을 열고 **레이아웃을 변경**합니다. 그런다음 **왼쪽 화살표**(←) 키를 누르면 왼쪽으로 10만큼 이동하고 오른쪽 화살표(→) 키를 누르면 오른쪽으로 10만큼 이동하도록 **블록을 연결**합니다.

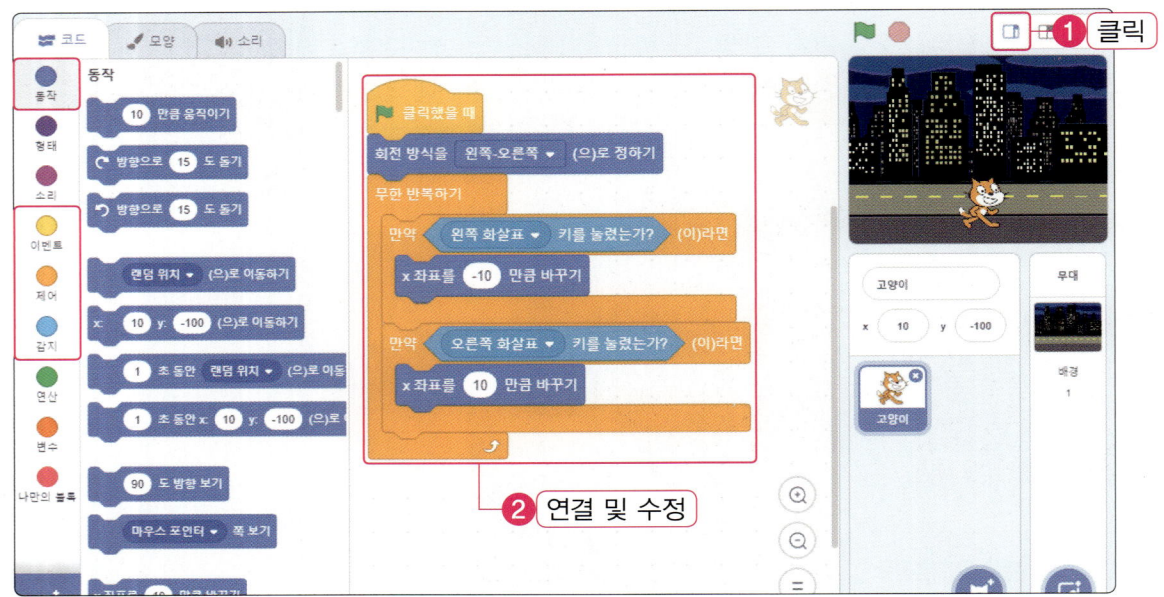

TIP
회전 방식을 왼쪽-오른쪽 (으)로 정하기 블록을 사용하지 않고 [고양이] 스프라이트의 방향에서 회전 방식을 [왼쪽-오른쪽 (▶◀)]으로 선택해도 됩니다.

♥ 창의적 생각 만들기

블록 안에 블록 끼워넣기

스크립트 창에 [만약 (이)라면] 블록을 연결한 후 [스페이스 키를 눌렀는가?] 블록을 [만약 (이)라면] 블록의 뾰족한 모양의 구멍에 드래그하여 끼워넣은 다음 ▼[목록] 단추를 클릭하고 [왼쪽 화살표]를 선택합니다.

이동하며 모양 바꾸기

1 왼쪽 화살표(←) 키를 누르면 왼쪽 방향을 보고 오른쪽 화살표(→) 키를 누르면 오른쪽 방향을 볼 수 있도록 다음과 같이 **블록을 연결**합니다.

2 방향키(←/→)에 따라 고양이 스프라이트가 이동하며 모양이 바뀌도록 다음과 같이 **블록을 연결**합니다.

TIP 방향키(←/→)를 누르면 모양1과 모양2로 모양이 번갈아 변경됩니다.

제12장 · 좌우로 움직이는 고양이 **75**

3 ▶[시작하기]를 클릭한 후 방향키(←/→)를 눌러 해당 방향을 보고 모양이 바뀌면서 이동하는지 확인합니다.

창의적 생각 만들기

아래의 블록 코딩과 같이 `10 만큼 움직이기` 또는 `x좌표를 10 만큼 바꾸기` 블록을 사용하여 고양이의 움직임을 만들 수 있습니다.

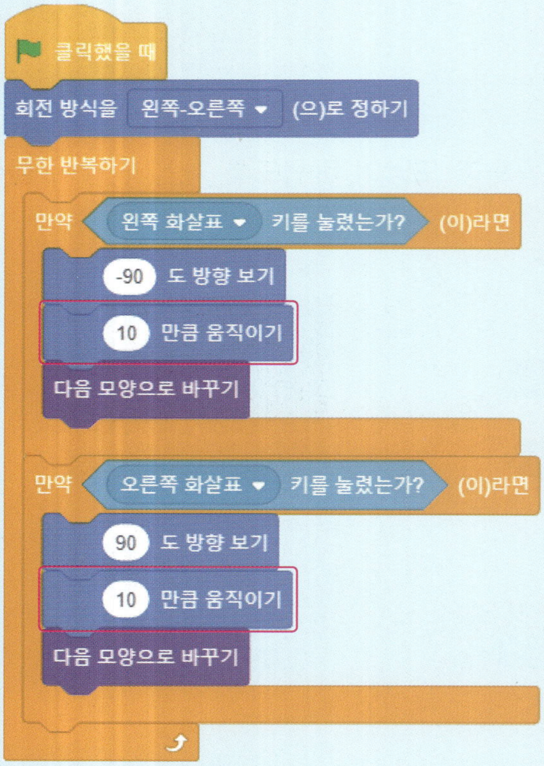

```
▶ 클릭했을 때
회전 방식을 왼쪽-오른쪽 ▼ (으)로 정하기
무한 반복하기
    만약  왼쪽 화살표 ▼ 키를 눌렀는가?  (이)라면
        -90 도 방향 보기
        10 만큼 움직이기
        다음 모양으로 바꾸기
    만약  오른쪽 화살표 ▼ 키를 눌렀는가?  (이)라면
        90 도 방향 보기
        10 만큼 움직이기
        다음 모양으로 바꾸기
```

▲ `10 만큼 움직이기` 블록

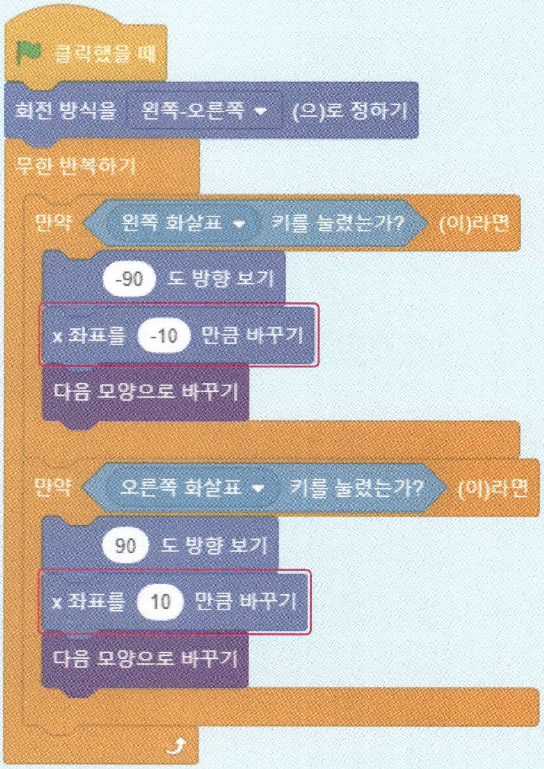

```
▶ 클릭했을 때
회전 방식을 왼쪽-오른쪽 ▼ (으)로 정하기
무한 반복하기
    만약  왼쪽 화살표 ▼ 키를 눌렀는가?  (이)라면
        -90 도 방향 보기
        x 좌표를 -10 만큼 바꾸기
        다음 모양으로 바꾸기
    만약  오른쪽 화살표 ▼ 키를 눌렀는가?  (이)라면
        90 도 방향 보기
        x 좌표를 10 만큼 바꾸기
        다음 모양으로 바꾸기
```

▲ `x 좌표를 10 만큼 바꾸기` 블록

문제 1 [너구리.sb3] 파일을 이용하여 아래의 조건으로 코드를 작성해 보세요.
- 너구리 스프라이트 : 왼쪽 화살표(←) 키를 누르면 왼쪽으로 움직이는 모양을 만들고, 오른쪽 화살표(→) 키를 누르면 오른쪽으로 움직이는 모양 만들기

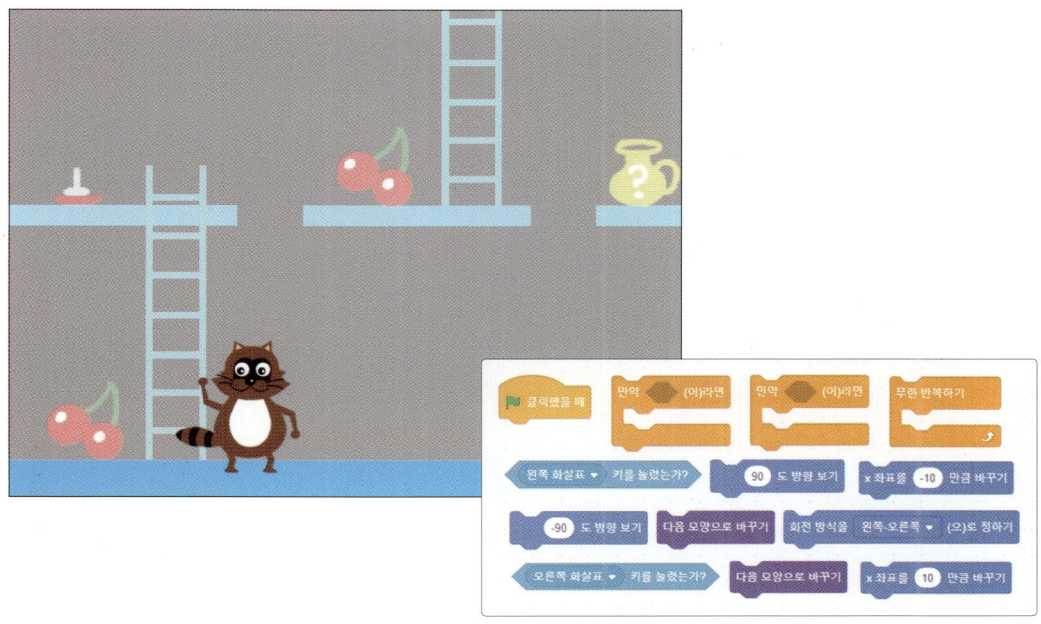

문제 2 [버블버블.sb3] 파일을 이용하여 아래의 조건으로 코드를 작성해 보세요.
- 공룡 스프라이트 : 왼쪽 화살표(←) 키를 누르면 왼쪽으로 움직이는 모양을 만들고, 오른쪽 화살표(→) 키를 누르면 오른쪽으로 움직이는 모양 만들기

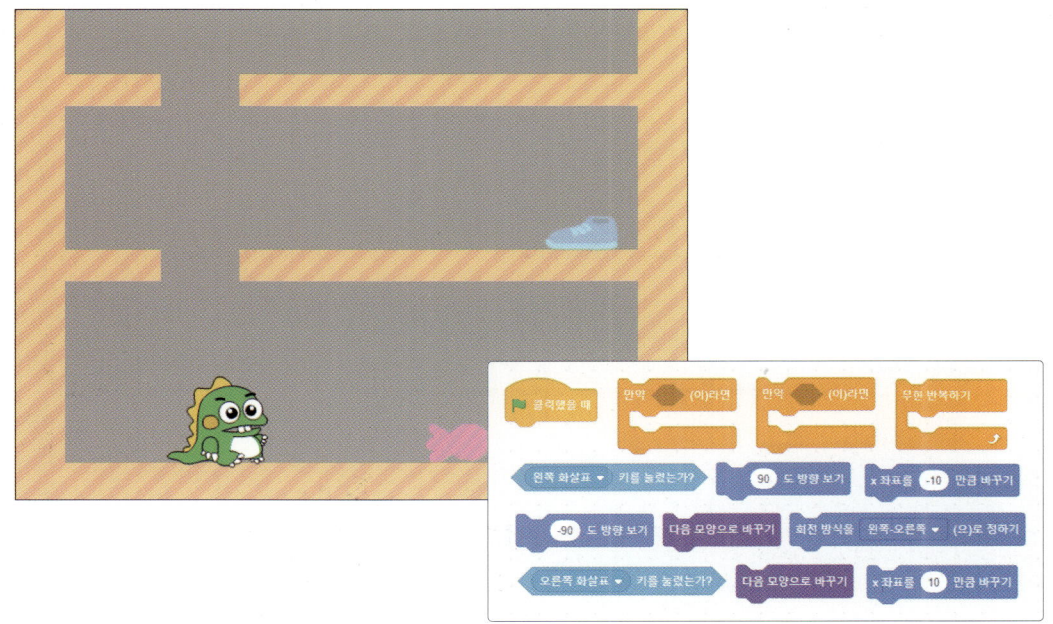

13 집중력 향상을 위한 앞쏭? 닫쏭? 페이지

도둑이 몰래 들어와 물건을 훔치고 달아나고 있습니다.
걸음이 너무 빨라 쫓아가기 힘든 탐정 코난을 위해 도둑을 잡을 수 있도록 선으로 연결해서 길을 알려주세요.

길 찾기

고양이의 점프 만들기

- 고양이가 점프하여 높이 올라갔다 내려오는 동작을 만드는 방법에 대해 배워봅니다.
- 고양이의 점프 높이를 수정하는 방법에 대해 배워봅니다.

코딩 포인트 (Coding Point)

점프 동작 만들기

스프라이트를 위쪽(Y좌표)으로 10만큼 5회에 걸쳐 반복 실행하여 올라가는 동작을 만듭니다.

스프라이트를 아래쪽(Y좌표)으로 10만큼 5회에 걸쳐 반복 실행하여 내려가는 동작을 만듭니다.

팔레트	블록	설명
제어		설정한 횟수만큼 감싸고 있는 블록들을 반복하여 실행합니다.

좌우로 움직이는 고양이 만들기

1 프로젝트 파일(뛰어넘기)을 열고 **고양이 스프라이트의 방향을 클릭**한 후 **왼쪽-오른쪽 (▶◀) 회전 방식을 클릭**합니다.

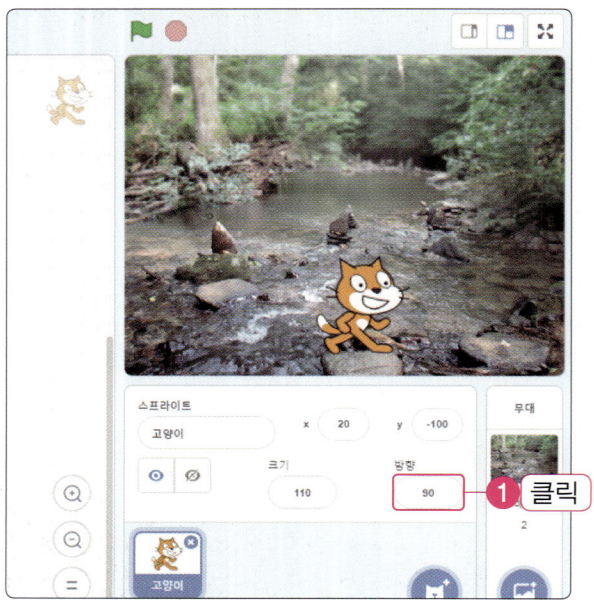
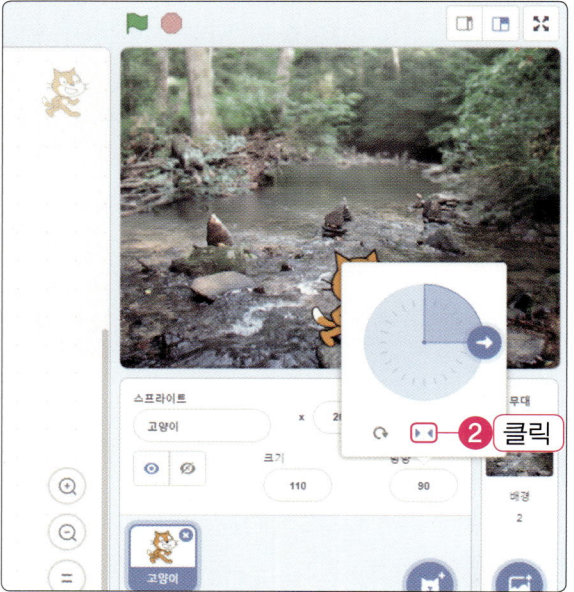

TIP

[고양이] 스프라이트의 회전 방식을 [왼쪽-오른쪽(▶◀)]으로 선택하지 않고 [동작] 팔레트에서 블록을 사용하여 좌우 회전을 지정할 수도 있습니다.

2 레이아웃을 변경한 후 **블록을 연결**하여 **좌우로 움직이는 고양이**를 만듭니다.

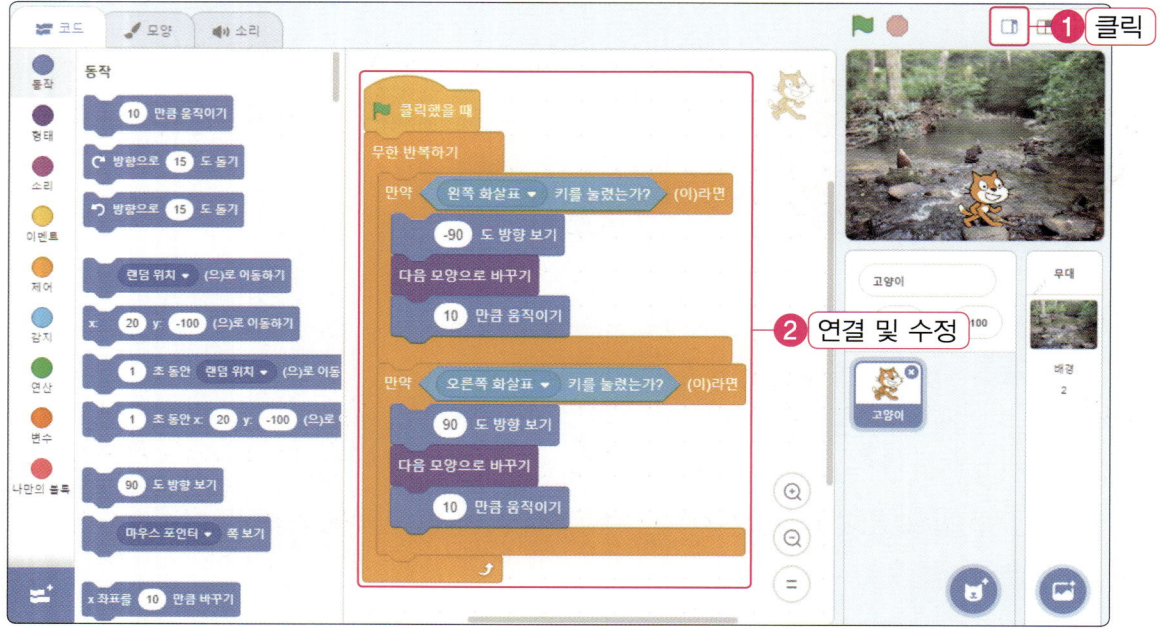

3 스페이스 바(SpaceBar) 키를 눌러 고양이가 뛰어 올라갔다가 다시 내려오는 동작을 만들기 위해 다음과 같이 **블록을 연결**합니다.

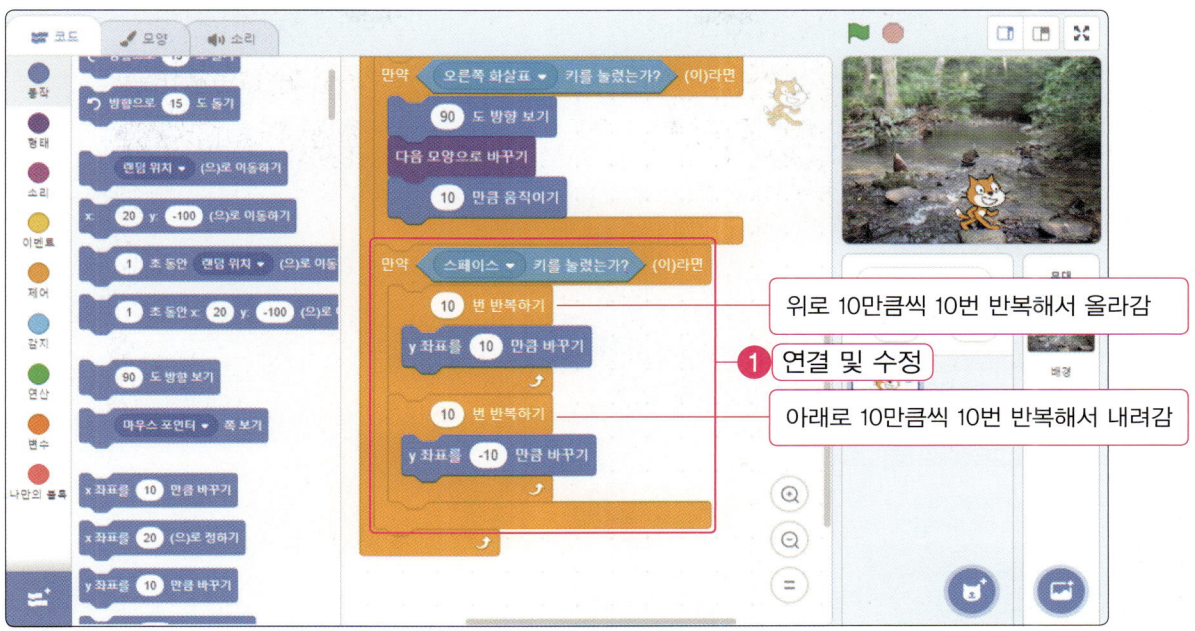

💗 창의적 생각 만들기

점프 동작 이해하기

특정 키를 눌렀을 때 점프 동작으로 올라갔다가 다시 원래의 위치로 내려오려면 [동작] 팔레트의 `y좌표를 10 만큼 바꾸기` 블록을 이용하여 입력값을 양수값으로 입력하여 올라갔다가 다시 음수값을 입력하여 아래로 내려오는 동작을 함께 실행하며, 반복하기 블록을 통해 높이를 지정할 수 있습니다.

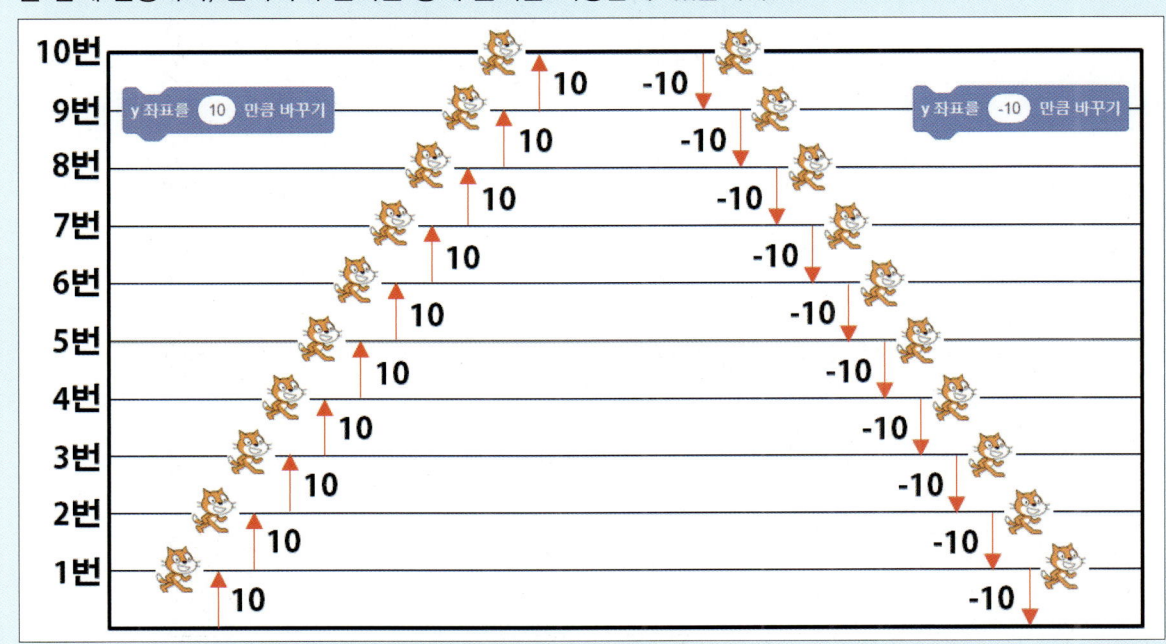

제13장 • 고양이의 점프 만들기 **81**

점프 높이 수정하기

1 반복하기 블록 또는 Y좌표의 입력값을 수정하여 점프의 높이를 원하는 높이로 수정합니다.

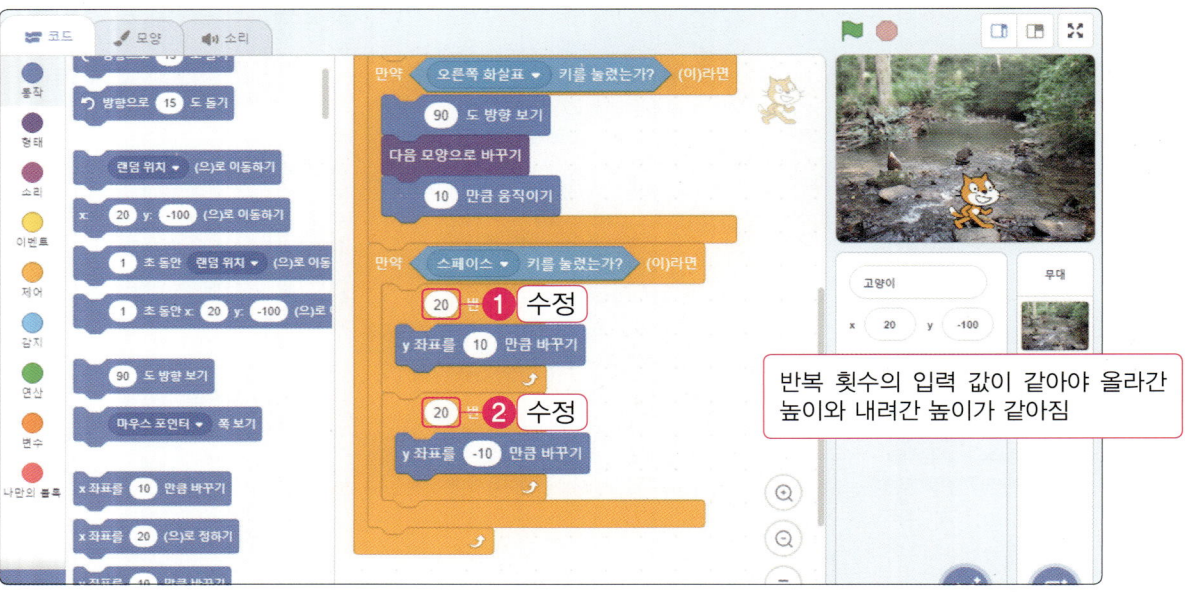

반복 횟수의 입력 값이 같아야 올라간 높이와 내려간 높이가 같아짐

2 ▶[시작하기]를 클릭한 후 방향키(←/→)를 눌러 해당 방향으로 움직이는 동작과 함께 이동하며, 키보드의 스페이스 바(SpaceBar) 키를 눌러 점프 동작을 확인합니다.

문제 1 [너구리.sb3] 파일을 이용하여 아래의 조건으로 코드를 작성해 보세요.
- 너구리 스프라이트 : 만약 키보드의 스페이스 바(SpaceBar) 키를 누르면 위쪽으로 10만큼씩 10회 반복하여 위쪽으로 올라갔다가 다시 아래쪽으로 10만큼씩 10회 반복하여 내려오도록 점프 만들기

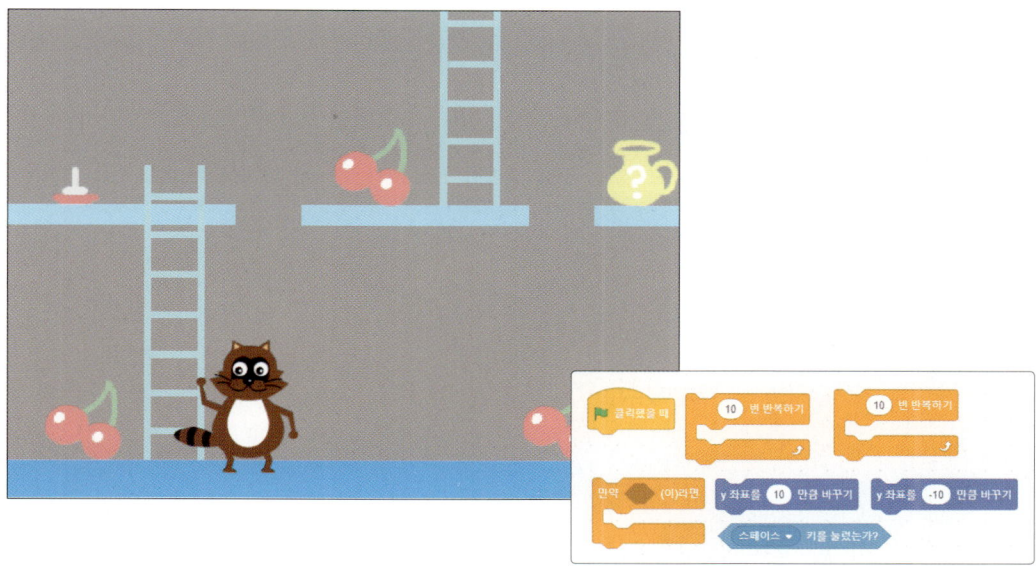

문제 2 [버블버블.sb3] 파일을 이용하여 아래의 조건으로 코드를 작성해 보세요.
- 공룡 스프라이트 : 만약 키보드의 스페이스 바(SpaceBar) 키를 누르면 위쪽으로 10만큼씩 10회 반복하여 위쪽으로 올라갔다가 다시 아래쪽으로 10만큼씩 10회 반복하여 내려오도록 점프 만들기

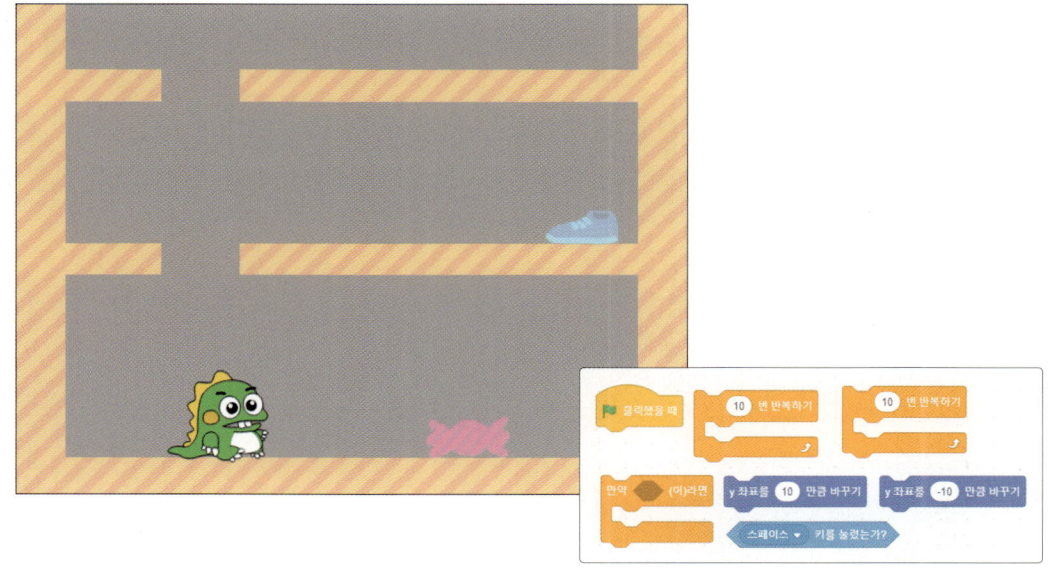

14 집중력 향상을 위한 앗쏭? 답쏭? 페이지

아래 보기에는 규칙을 갖는 도형들이 나열되어 있습니다.
물음표 안에 들어갈 도형으로 알맞은 것은 무엇일까요?

도형 추리하기

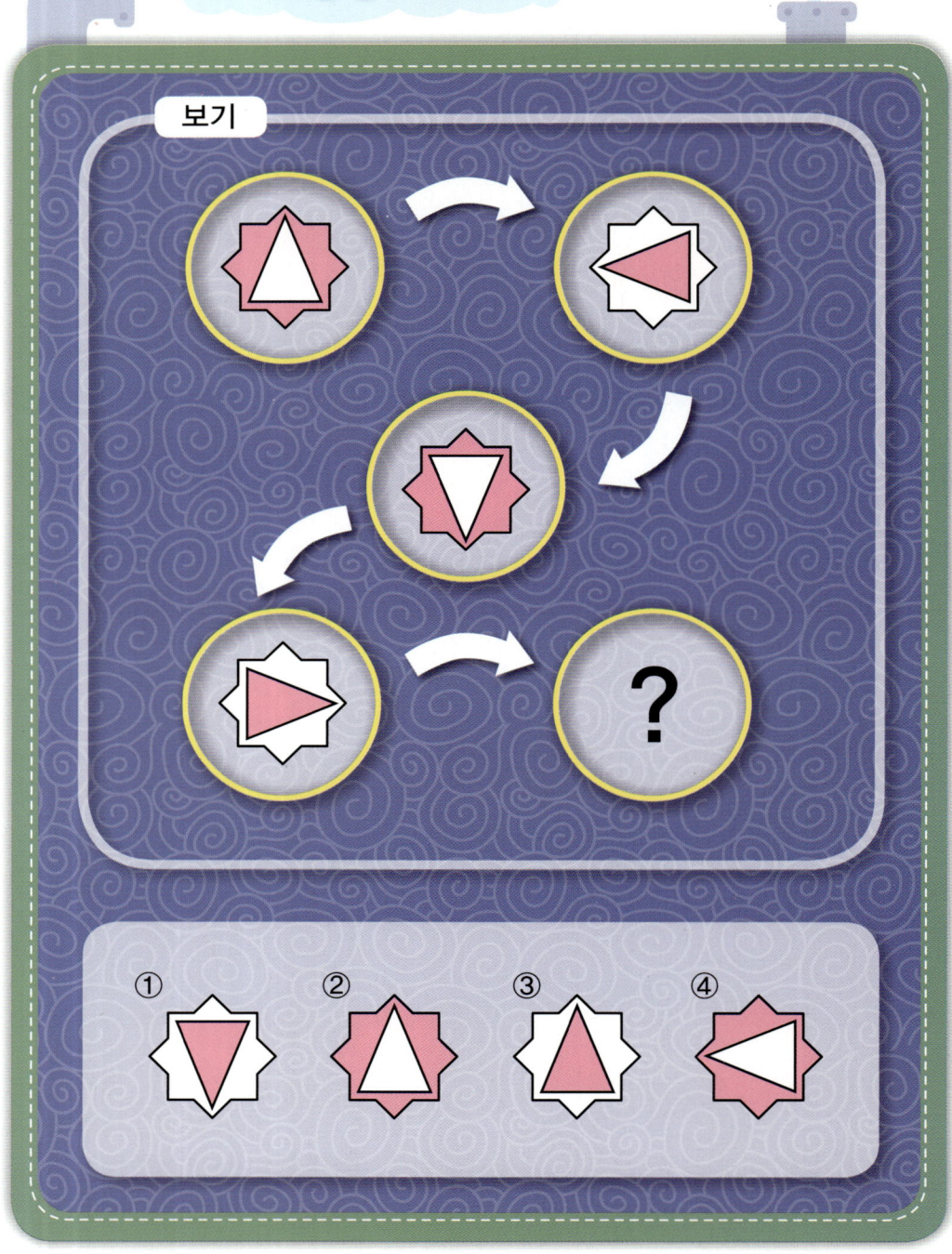

공 뛰어넘기 게임 만들기

 **오늘의 놀이**
- 좌우로 굴러다니는 공을 만드는 방법에 대해 배워봅니다.
- 고양이가 공에 닿았을 경우 게임이 종료되도록 만들어봅니다.

코딩 포인트 (Coding Point)

특정 스프라이트를 이용한 종료 방법 만들기

만약, 특정 스프라이트(고양이)에 닿았을 경우 모든 블록 코드를 종료합니다.

팔레트	블록	설명
제어	멈추기 모두 ▼ / 모두 / 이 스크립트 / 이 스프라이트에 있는 다른 스크립트	• 모두 : 모든 스프라이트들이 즉시 실행을 멈춥니다. • 이 스크립트 : 이 블록이 포함된 코드가 즉시 실행을 멈춥니다. • 스프라이트에 있는 다른 스크립트 : 해당 스프라이트 중 이 블록이 포함된 코드를 제외한 모든 코드가 즉시 실행을 멈춥니다.

좌우로 굴러가는 축구공 만들기

1 프로젝트 파일(공뛰어넘기)을 열고 **Soccer Ball 스프라이트를 추가**한 후 **위치를 조절**합니다.

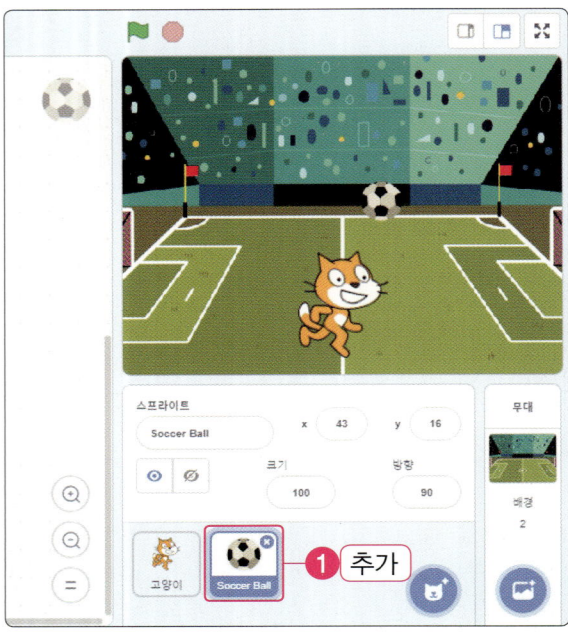

2 **레이아웃을 변경**한 후 Soccer Ball 스프라이트에 다음과 같이 **블록을 연결하여 좌우로 움직이는 공**을 만듭니다.

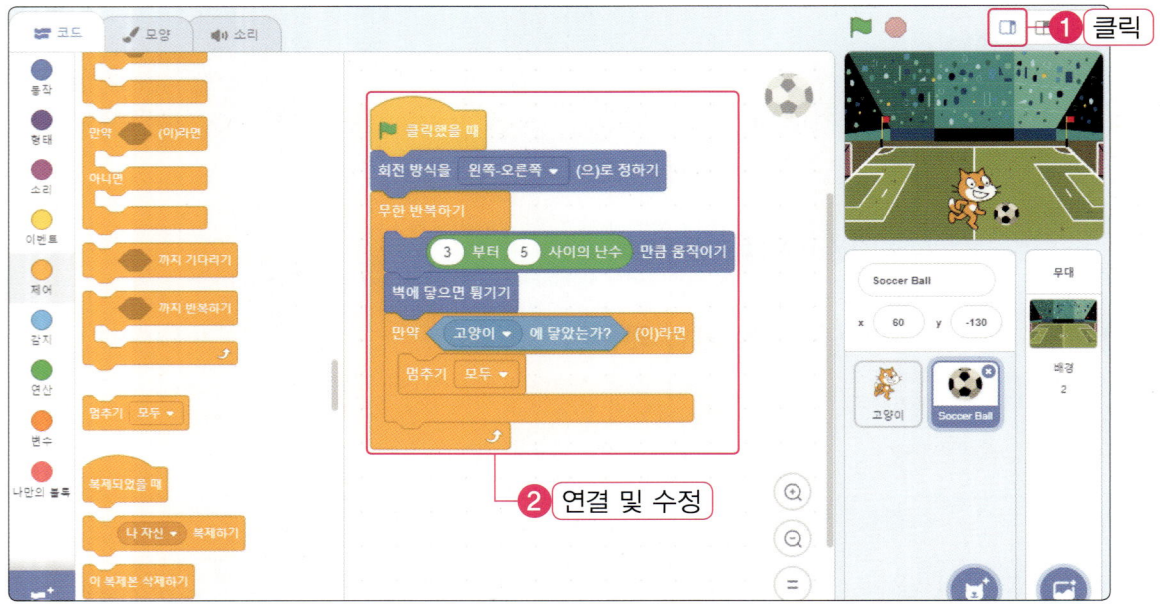

> **TIP**
> Soccer Ball 스프라이트의 이동 방향으로 3~5 사이의 난수 만큼 움직이며, 벽에 닿았을 경우 튕깁니다. 만약 고양이 스프라이트에 닿을 경우 모두 멈춥니다.

좌우 이동 및 점프하는 고양이 만들기

1 고양이 스프라이트를 선택한 후 다음과 같이 블록을 연결하여 좌우로 움직이는 고양이를 만듭니다.

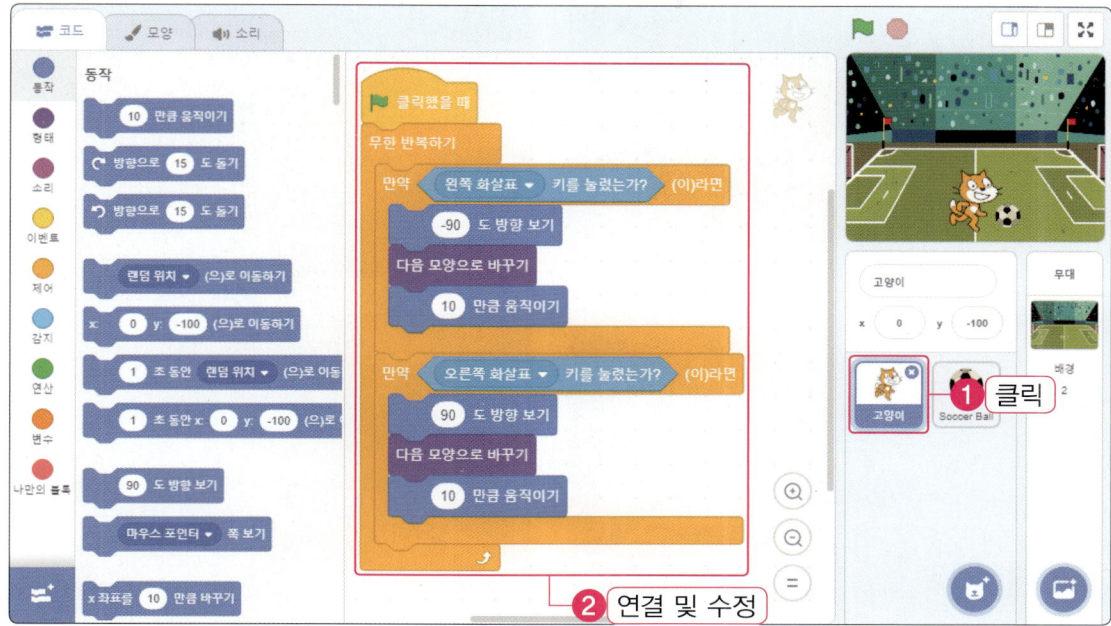

> **TIP**
> 왼쪽 화살표(←) 키를 누르면 왼쪽 방향을 보고 10만큼 이동하며, 오른쪽 화살표(→) 키를 누르면 오른쪽 방향을 보고 10만큼 이동합니다.

2 고양이 스프라이트에 스페이스 바(SpaceBar) 키를 눌러 고양이가 뛰어 올랐다가 다시 내려오는 동작을 만들기 위해 다음과 같이 블록을 연결합니다.

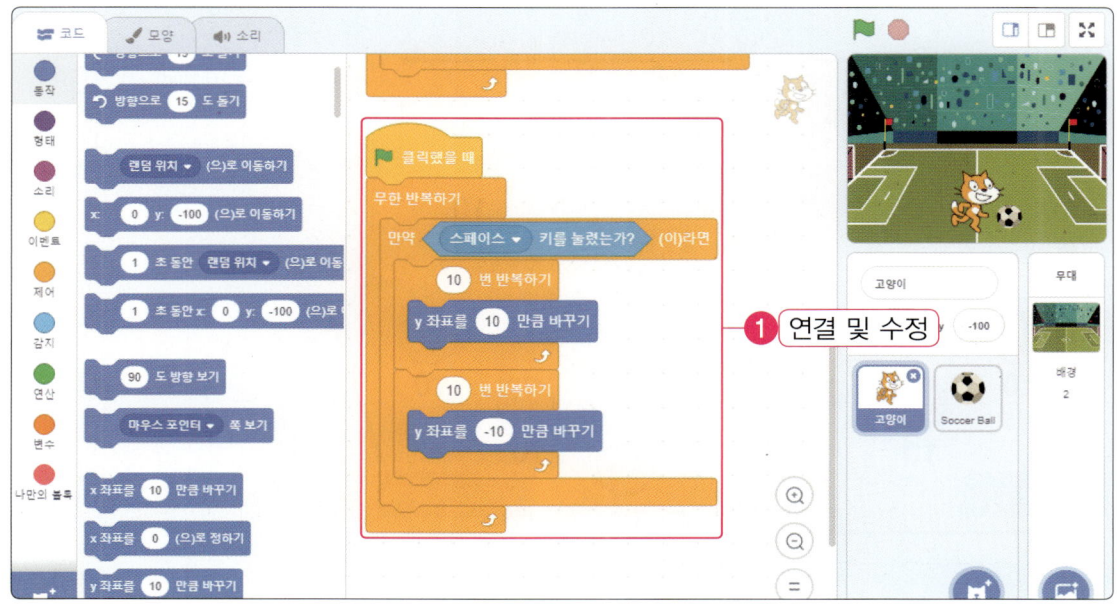

제14장 · 공 뛰어넘기 게임 만들기 **87**

3 ▶[시작하기]를 클릭한 후 키보드의 방향키(←/→) 및 스페이스 바(SpaceBar) 키를 눌러 이동 및 점프 동작을 통해 움직이는 축구공을 피하며, 만약 축구공에 닿았을 경우 게임이 멈추는지 확인합니다.

♥ 창의적 생각 만들기

굴러다니는 공의 동작 이해하기

공을 앞으로 10만큼씩 이동하도록 블록을 설정한 후 벽에 닿았을 경우 반대 방향으로 바뀌도록 설정하면 공이 좌우로 움직이도록 만들 수 있습니다.

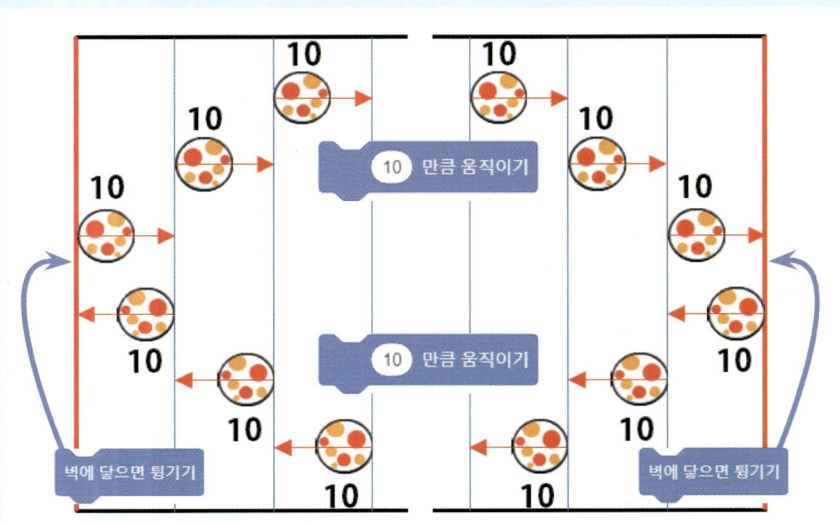

창의력 향상문제!!

추가문제 제공

문제 1 [너구리.sb3] 파일을 이용하여 아래의 조건으로 코드를 작성해 보세요.
- 뱀 스프라이트 : 이동 방향으로 1~3 사이의 난수 만큼 이동하며 벽에 닿으면 튕기기, 뱀의 모양은 계속해서 다음 모양으로 변경하며 너구리에 닿을 경우 모두 멈추기로 게임 종료 만들기

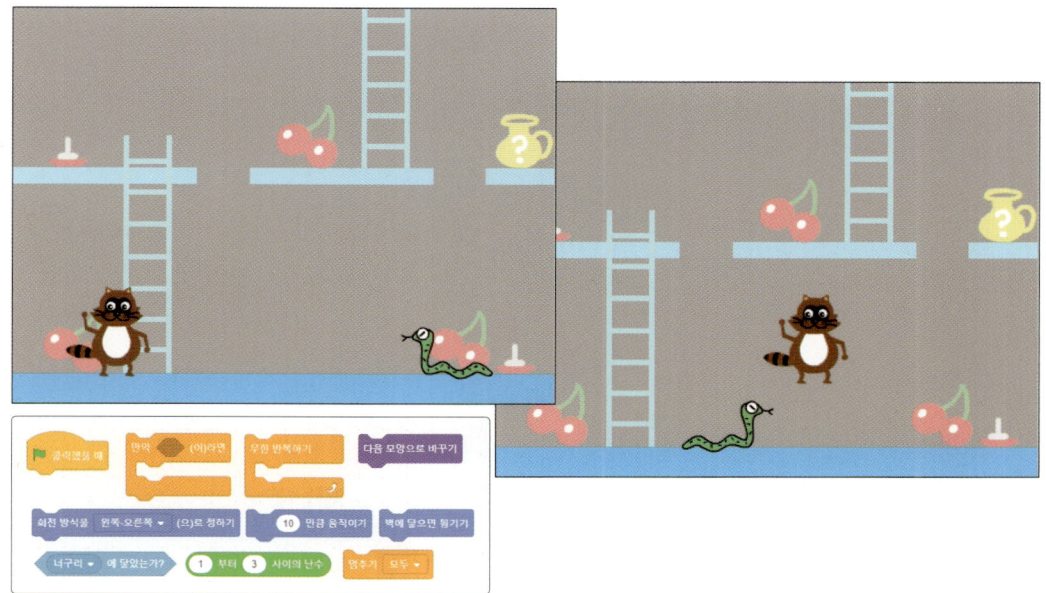

문제 2 [버블버블.sb3] 파일을 이용하여 아래의 조건으로 코드를 작성해 보세요.
- 로봇 스프라이트 : 이동 방향으로 1~3 사이의 난수 만큼 이동하며 벽에 닿으면 튕기기, 로봇의 모양은 계속해서 다음 모양으로 변경하며 공룡에 닿을 경우 모두 멈추기로 게임 종료 만들기

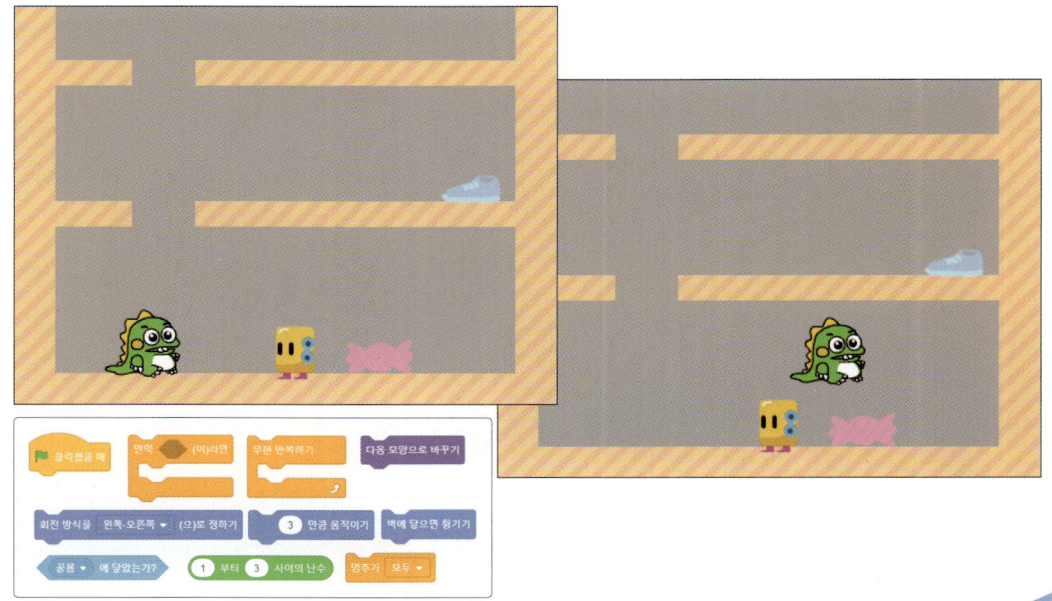

15 집중력 향상을 위한 앗쏭? 답쏭? 페이지

창의적인 생각을 갖고 있는 지 테스트 하는 문제입니다.
아래 예제와 같이 그림을 보고 연상되는 단어를 생각하여 정답을 적어보세요.

연상되는 단어 맞추기

예) 1 맘 마 미 아

예) 2 중 노 동

문제 1 ☐ ☐ ☐

문제 2 ☐ ☐ ☐

장애물 넘기 및 아이템 먹기

- 특정 스프라이트에 닿았을 경우 게임을 종료하는 방법을 알아봅니다.
- 특정 스프라이트에 닿았을 경우 스프라이트를 숨기는 방법을 알아봅니다.

 코딩 포인트(Coding Point)

특정 스프라이트를 이용한 종료 방법 만들기

 만약, 동키콩 스프라이트에 닿았을 경우 모양을 숨깁니다.

만약, 동키콩 스프라이트에 닿았을 경우 모두 멈추어 게임을 종료합니다.

압정에 닿았을 경우 게임 종료 만들기

1 프로젝트 파일(너구리)을 열고 **스프라이트(너구리, 체리, 압정, 보물, 사다리)를 확인**합니다.

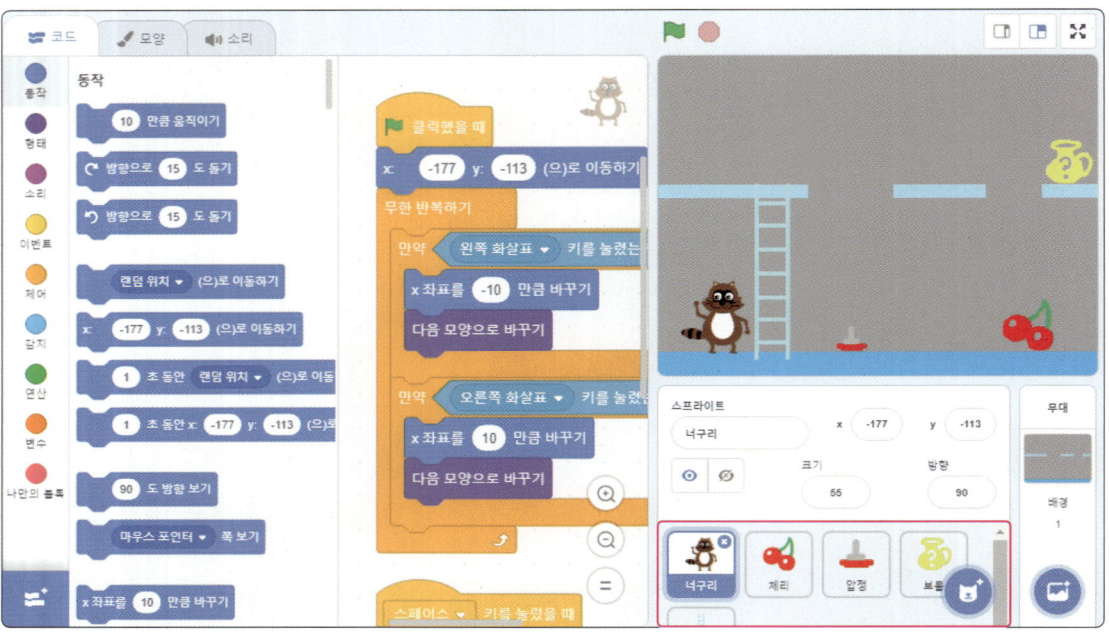

2 레이아웃을 변경한 후 압정 스프라이트를 선택한 다음 압정 스프라이트에 만약, 너구리에 닿았을 경우 모두 멈추도록 설정, 게임이 종료되도록 다음과 같이 **블록을 연결**합니다.

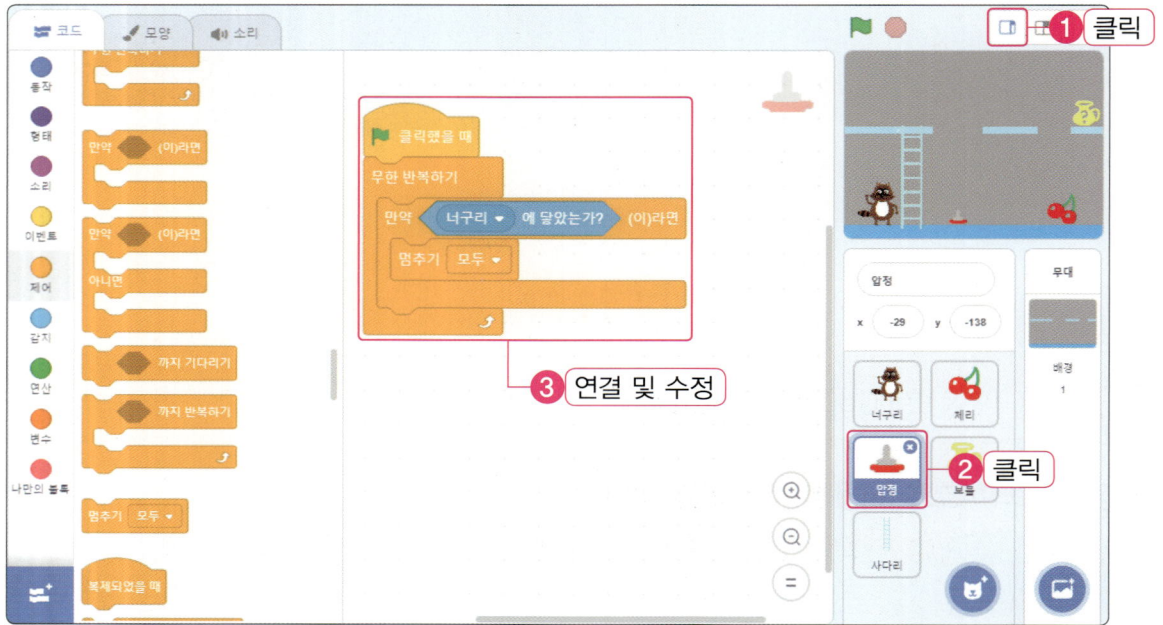

> **TIP**
> 만약, 압정에 너구리가 닿았을 경우 모두 멈추기를 통해 게임이 종료됩니다.

체리에 닿았을 경우 모양 숨김과 복제하기

1 체리 스프라이트를 선택한 후 체리 스프라이트가 보이고, 만약 너구리에 닿았을 경우 숨기도록 다음과 같이 블록을 연결합니다.

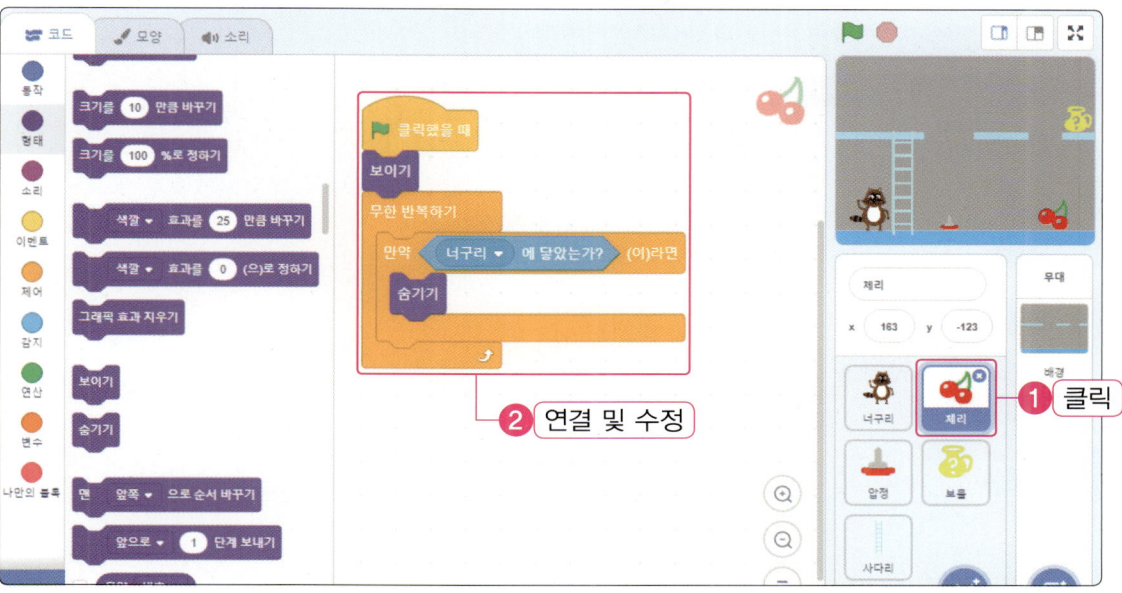

2 체리 스프라이트에서 마우스 오른쪽 단추를 눌러 바로 가기 메뉴의 [복사]를 클릭한 후 스프라이트가 복사되면 드래그하여 위치로 이동합니다.

TIP 스프라이트를 복사하면 임의의 위치에 복사된 스프라이트가 나타나며 드래그하여 위치를 이동합니다.

제15장 · 장애물 넘기 및 아이템 먹기

3 같은 방법으로 **압정 스프라이트를 복사**한 후 **드래그하여 위치로 이동**합니다.

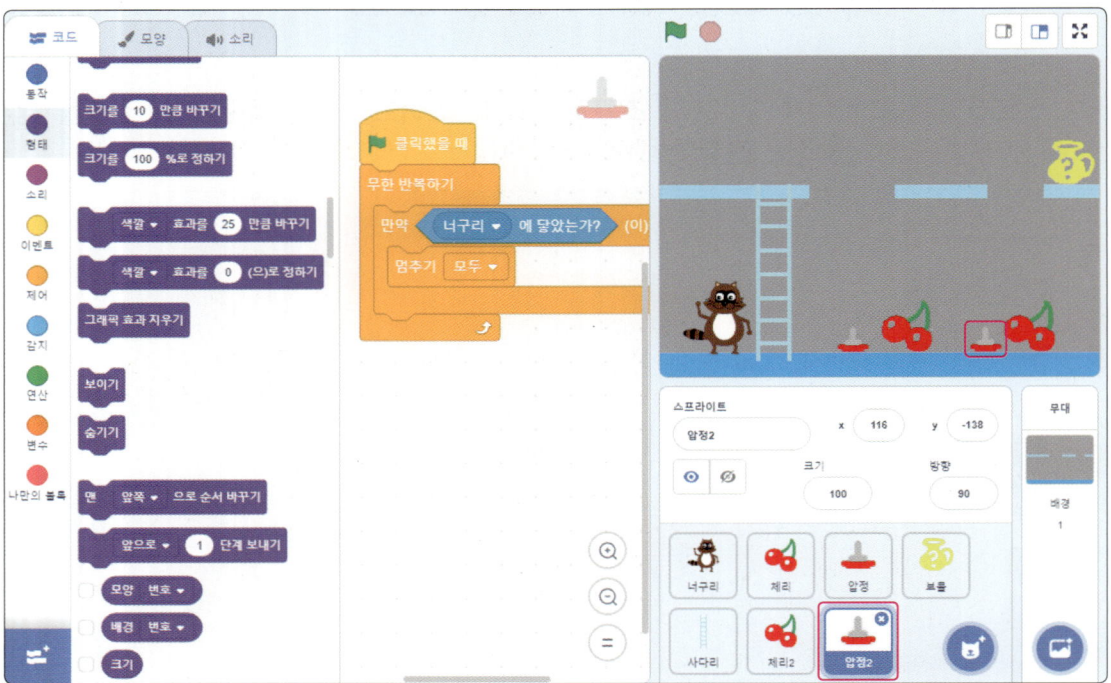

4 🏁[시작하기]를 클릭한 후 방향키(←/→) 및 스페이스 바(SpaceBar) 키를 눌러 이동 및 점프하며 압정을 피하고 체리를 먹는 게임을 실행해봅니다.

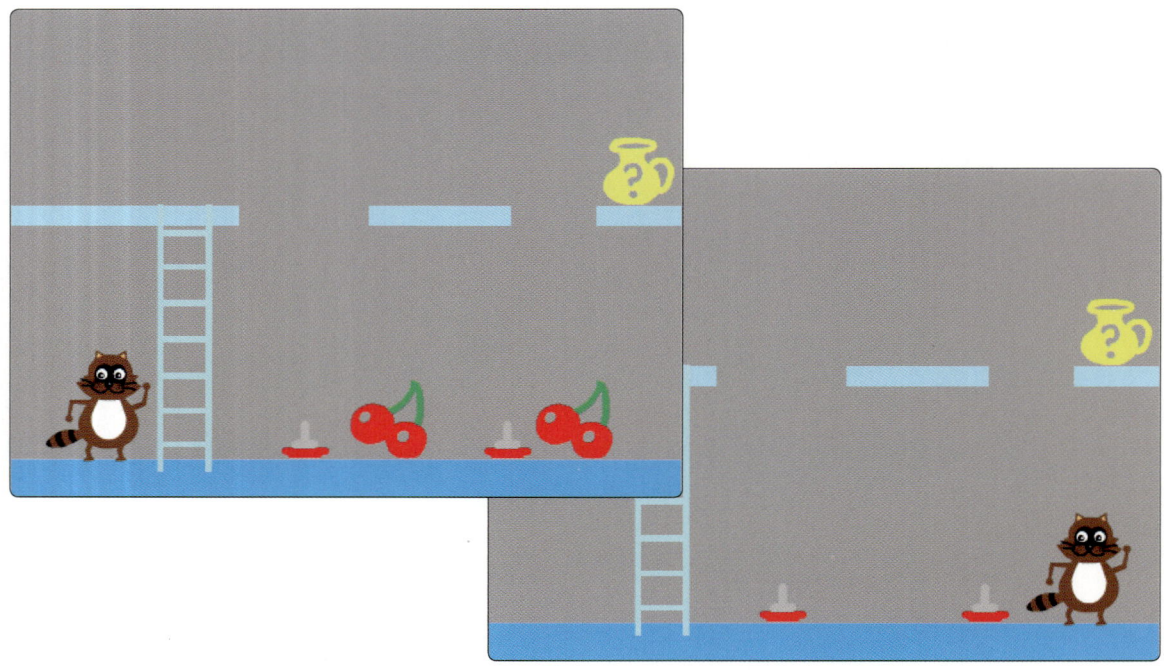

문제 1 [삐에로.sb3] 파일을 이용하여 아래의 조건으로 코드를 작성해 보세요.

- 삐에로 스프라이트
  - 시작 위치(X : -180, Y : -70)로 이동하고 회전 방식을 왼쪽-오른쪽으로 정하기
  - 좌우 화살표(←/→) 키를 누르면 해당 방향을 보고 10만큼씩 이동하며, 다음 모양으로 바꾸기를 무한 반복하기
  - 스페이스 바(SpaceBar) 키를 누르면 위쪽으로 10만큼씩 10번 올라갔다가 다시 10만큼 10번 내려오기
- 비치볼01 스프라이트
  - 시작 위치(X : 200, Y : -110)로 이동하기
  - 벽에 닿으면 튕기고 1부터 5사이의 난수 만큼 이동하며 다음 모양으로 바꾸기
  - 만약 삐에로에 닿으면 모두 멈추기
- 비치볼02 스프라이트
  - 시작 위치(X : 0, Y : -110)로 이동하기
  - 벽에 닿으면 튕기고 3부터 8사이의 난수 만큼 이동하며 다음 모양으로 바꾸기
  - 만약 삐에로에 닿으면 모두 멈추기

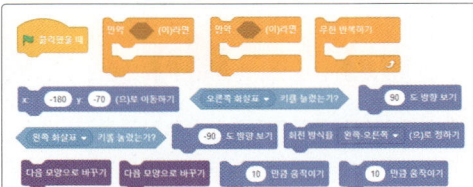
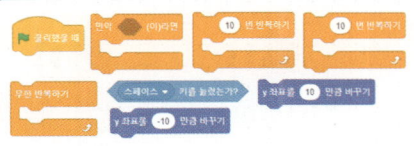

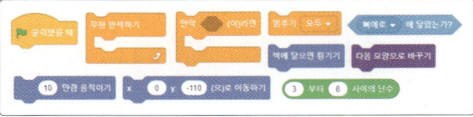

1 소리 파일 등록하기

❶ 소리 파일을 등록할 스프라이트를 선택한 후 [소리] 탭에서 [소리 고르기]을 클릭합니다.

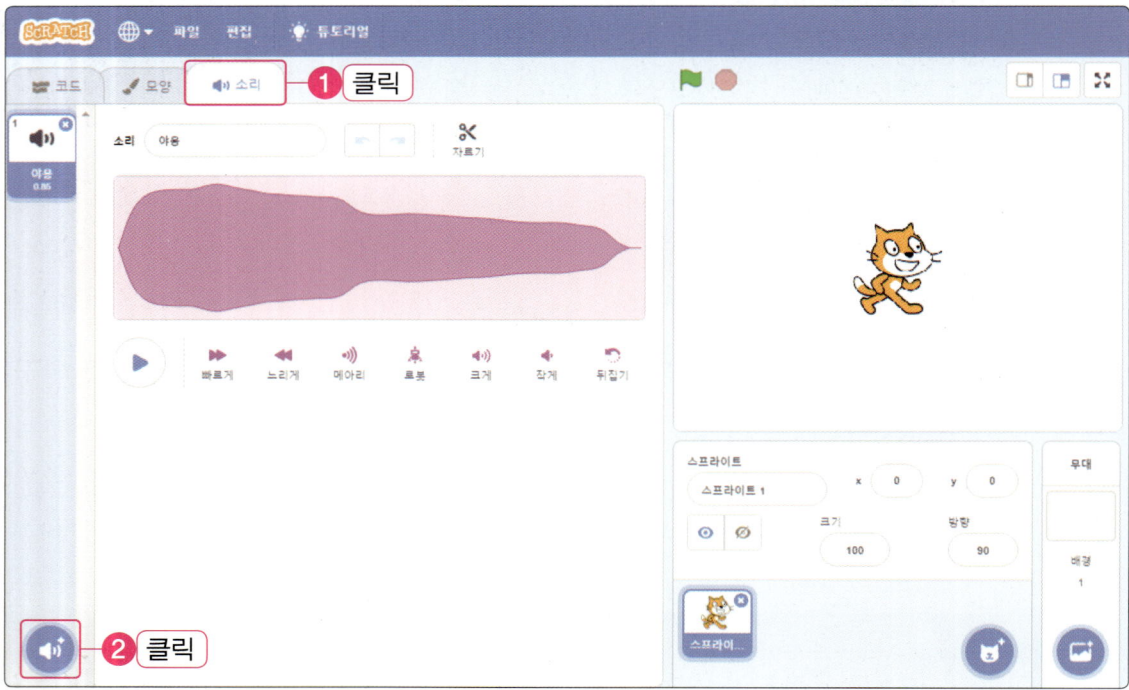

❷ [소리 고르기] 대화상자가 나타나면 원하는 소리 파일을 선택합니다.

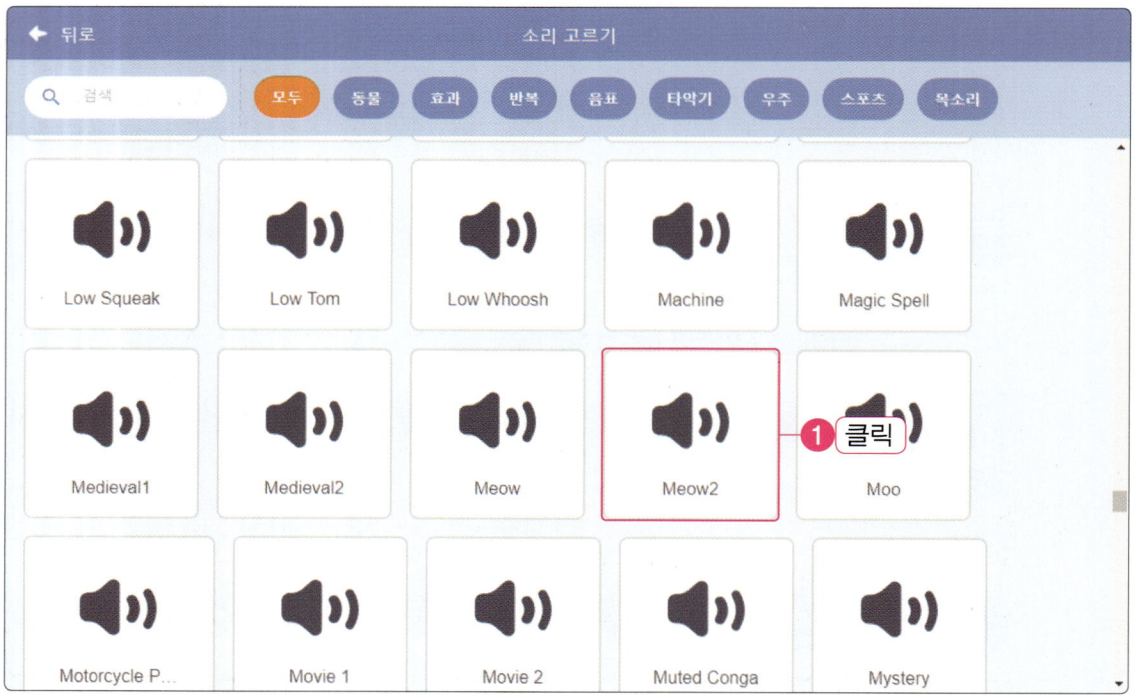

❸ 소리가 등록되면 [코드] 탭의 [소리] 팔레트에서 ▭ Meow2 재생하기 블록과 ▭ Meow2 끝까지 재생하기 블록을 이용하여 해당 소리를 현재 스프라이트에서 적용하여 사용할 수 있습니다.

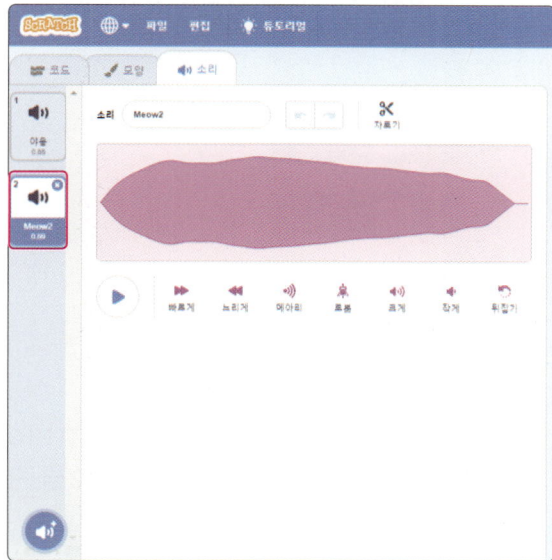
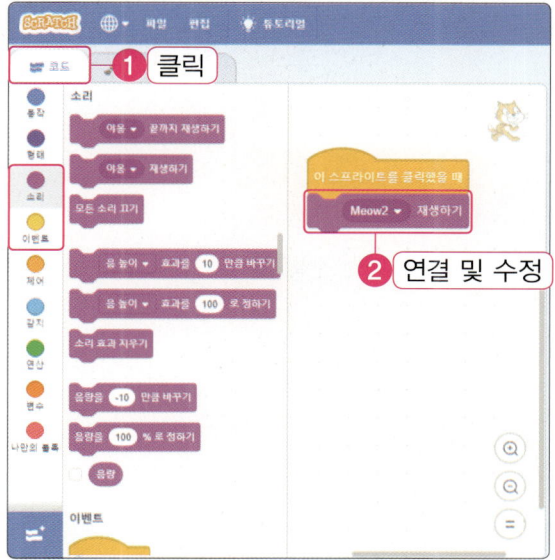

2 소리 편집하기

❶ [소리] 탭에서 소리 파일의 녹음 또는 저장된 소리 파일을 불러오거나 등록된 소리 파일의 필요한 부분만 자르거나 음량 조절 등 원하는 효과 등으로 편집할 수 있습니다.

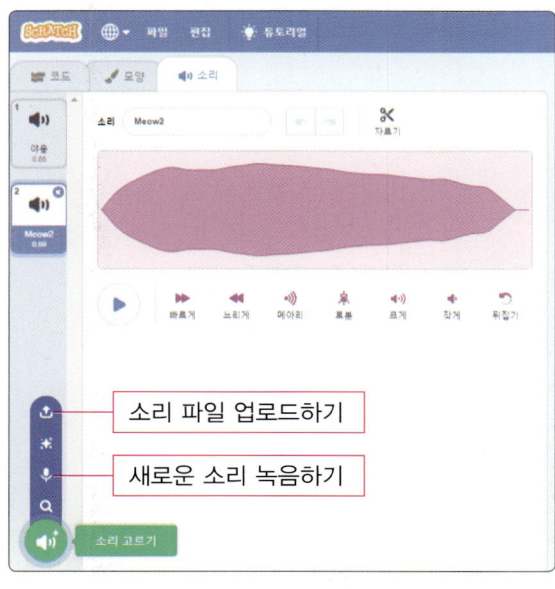
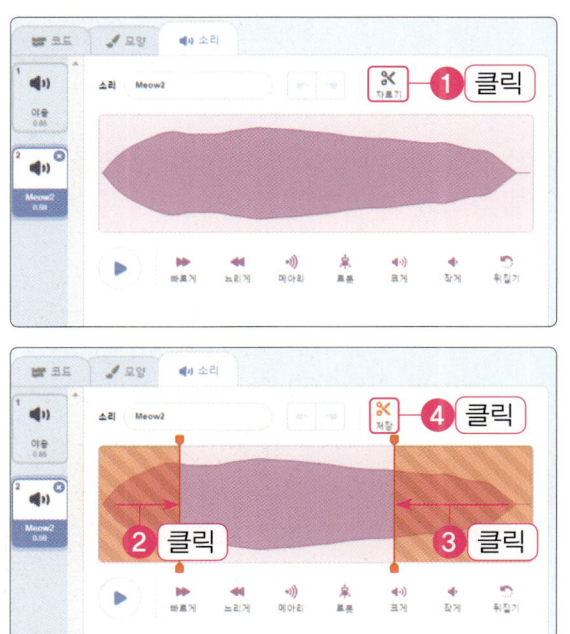

제16장 · 종합 활동 **97**

종합활동

1. 다음 코드 블록 중에서 특정 색에 닿았을 경우의 조건을 블록으로 연결할 때의 방법으로 옳은 것은?

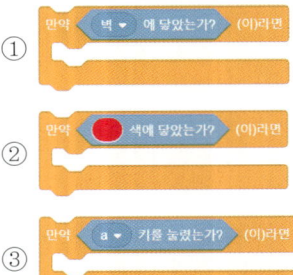

2. 다음 중  블록을 사용하였을 경우 해당 임의의 수에 해당하는 수로 옳은 것은?

① 35
② 8
③ 4
④ 15

3. 스프라이트에서 회전 방식의 설정 및 사용 방법으로 옳지 않은 것은?

① 스프라이트 정보의 회전 방식을 ⟳ ↔ ⊘ 중에서 선택한다.
② 스프라이트 정보의 회전 방식을 ⊘를 선택하면 회전하지 않는다.
③ 회전 방식을 왼쪽-오른쪽 (으)로 정하기 블록을 사용하면 좌우 회전만 가능하다.
④ 회전 방식을 왼쪽-오른쪽 (으)로 정하기 블록을 사용하면 360도 자유롭게 회전할 수 있다.

4. 다음 중 스프라이트의 방향을 위쪽 방향으로 가리키도록 설정하기 위한 블록 연결로 옳은 것은?

①
②
③
④

5. 다음 코드 블록 중에서 특정 스프라이트에 닿았을 경우의 조건을 블록으로 연결할 때의 방법으로 옳은 것은?

6. 스프라이트와 스크립트의 모든 동작을 중지할 때 사용하는 블록으로 옳은 것은?

① x: 0 y: 0 (으)로 이동하기
②
③ 벽에 닿으면 튕기기
④

7. [움직이는곤충.sb3] 파일에서 [곤충] 스프라이트가 빨간색 점에 닿았을 경우 처음의 위치 X:0, Y:0으로 오른쪽 방향을 보고 다시 시작하도록 코드 블록을 완성해 보세요.

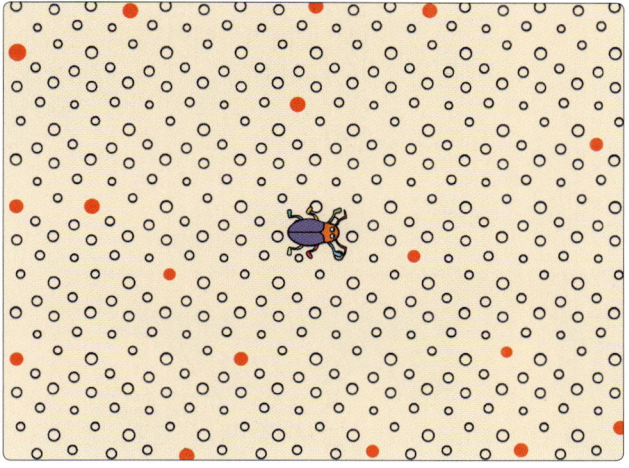

17 집중력 향상을 위한 앞쏭? 답쏭? 페이지

젓병, 접은우산, 몽당연필, 별, 갈매기, 뱀이 숨겨져 있어요. 그리고 노란색 말풍선에 재미있는 말로 빈칸을 채워보세요~

숨은 그림 찾기

즐거운 음악~ 뮤직 스타트!!

오늘의 놀이
- 소리 파일을 추가하는 방법에 대해 배워봅니다.
- 지정 횟수 동안 반복하여 소리와 색 변경 효과를 적용해 보세요.
- 무한 반복 연주와 색 변경 효과의 적용 방법에 대해 배워봅니다.

코딩 포인트(Coding Point)

반복하여 효과 및 소리

계속 반복하여 색깔 효과를 10만큼씩 바꾸며 야옹 소리를 재생합니다.

팔레트	블록	설명
소리	야옹 ▼ 재생하기	해당 스프라이트가 선택한 소리를 재생하는 동시에 다음 블록을 실행합니다.
	야옹 ▼ 끝까지 재생하기	해당 스프라이트가 선택한 소리를 재생하고, 소리 재생이 끝나면 다음 블록을 실행합니다.
형태	색깔 ▼ 효과를 25 만큼 바꾸기	해당 스프라이트에 선택한 효과(색깔/어안 렌즈/소용돌이/픽셀화/모자이크/밝기/투명도)를 입력한 값만큼 줍니다.

제17장 · 즐거운 음악~ 뮤직 스타트!! **101**

모양 확인하고 소리 추가하기

1 프로젝트 파일(음악)을 열고 **카운트다운 스프라이트의 [모양] 탭에서 모양 목록(10~1, 음악)을 확인**합니다.

2 카운트다운 스프라이트의 [소리] 탭에서 [저장소에서 소리 선택]을 클릭한 후 [소리 저장소] 대화상자가 나타나면 **소리 파일(Hip Hop)을 선택**한 다음 [확인] 단추를 클릭합니다.

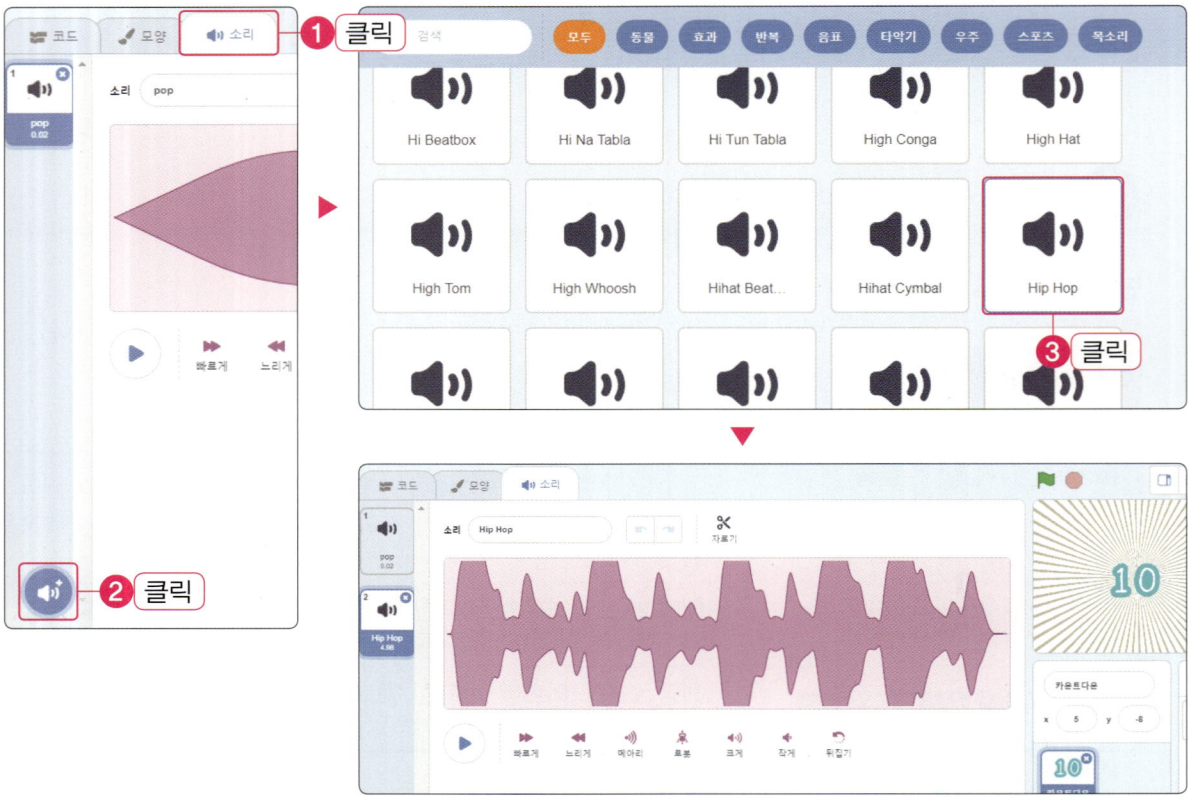

소리 연결 및 색깔 효과 지정하기

1 [코드] 탭을 클릭한 후 레이아웃을 변경합니다. 그런다음 카운트다운 스프라이트가 10회 반복하며 pop 소리가 재생되도록 다음과 같이 블록을 연결합니다.

2 카운트다운 스프라이트가 10회 반복하면서 색깔 효과를 적용하고 다음 모양으로 바뀌도록 다음과 같이 블록을 연결합니다.

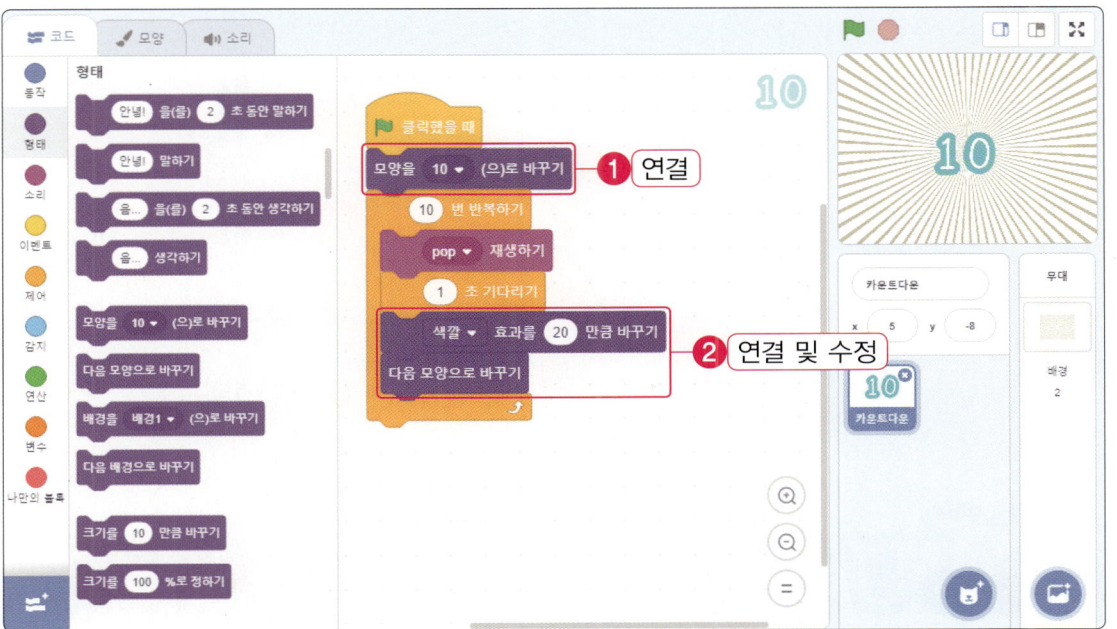

색깔 효과를 20만큼 주고, 숫자를 10부터 다음 모양으로 바꿉니다.

3 숫자 카운트다운이 완료되면 Music 모양에 색깔 효과 적용 및 Hip Hop 소리를 무한 반복하여 재생하도록 다음과 같이 **블록을 연결**합니다.

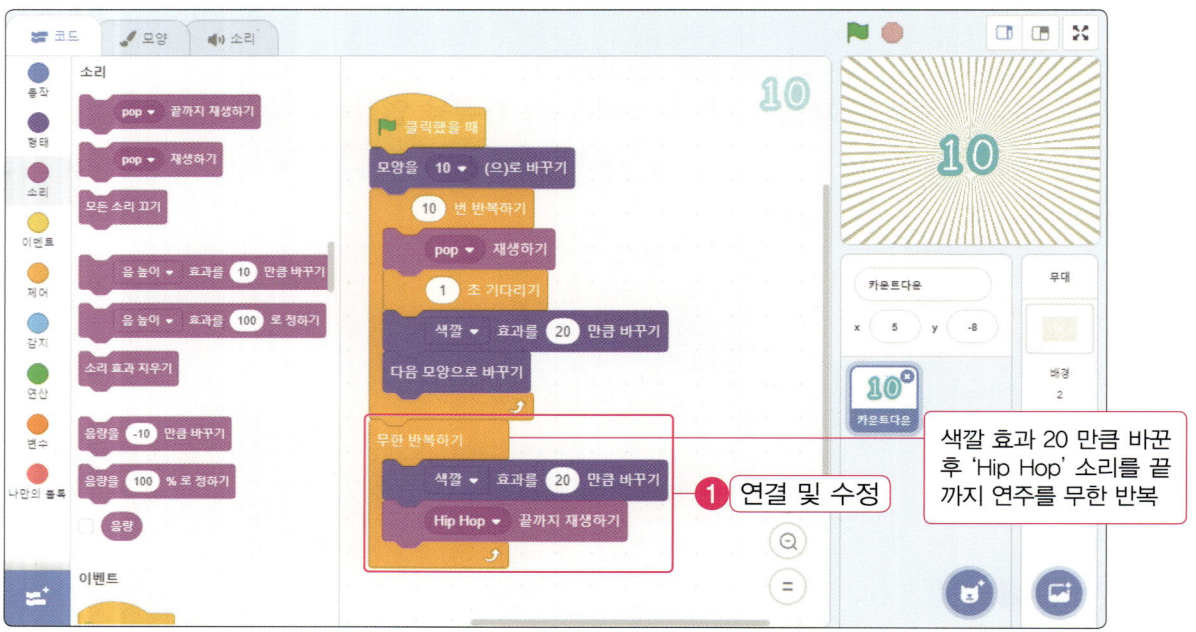

4 ▶[시작하기]를 **클릭**하면 10부터 1까지 숫자가 카운트다운과 함께 색깔 효과가 적용되면서 pop 소리가 재생됩니다. 이후 Music 모양이 표시될 때 색깔 효과와 함께 Hip Hop 음악이 반복하여 재생되는지 확인합니다.

문제 1 [손동작.sb3] 파일을 이용하여 아래의 조건으로 코딩을 완성해 보세요.
- 소리 추가 : 저장소에서 'snap' 파일을 추가하여 소리 목록에 등록하기
- 손가락 스프라이트
  - 'Snap'을 재생하며 함께 색깔 효과를 10만큼씩 바꾸고 1초 기다린 후 다음 모양으로 바꾸기를 5회 반복하기
  - 'beat box1'을 끝까지 재생한 후 색깔 효과를 20만큼 바꾼 다음 'beat box2'를 끝까지 재생을 무한 반복하기

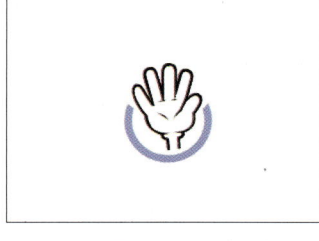

18 집중력 향상을 위한 앗쏭? 닷쏭? 페이지

날씨를 표현하는 4개의 그림이 있습니다.
가로 줄과 세로 줄에 서로 같은 그림이 들어가지 않도록 빈 칸에 알맞은 그림을 그려 넣어 보세요.

그림 스도쿠

키보드로 피아노 연주하기

- 키보드로 피아노 건반의 음계를 소리내는 방법에 대해 배워봅니다.
- 다양한 악기를 이용하여 연주하는 방법에 대해 배워봅니다.

코딩 포인트 (Coding Point)

피아노 건반 만들기

목록 단추를 클릭한 후 건반의 연주할 음계를 클릭하여 선택한 다음 박자로 설정할 값을 입력합니다.

팔레트	블록	설명
소리		지정된 음을 지정된 박자로 연주합니다.
		연주할 악기를 지정합니다.

제18장 • 키보드로 피아노 연주하기 **107**

키보드로 피아노 건반 만들기

1 프로젝트 파일(피아노)을 열고 [확장 기능 추가하기]를 클릭합니다.

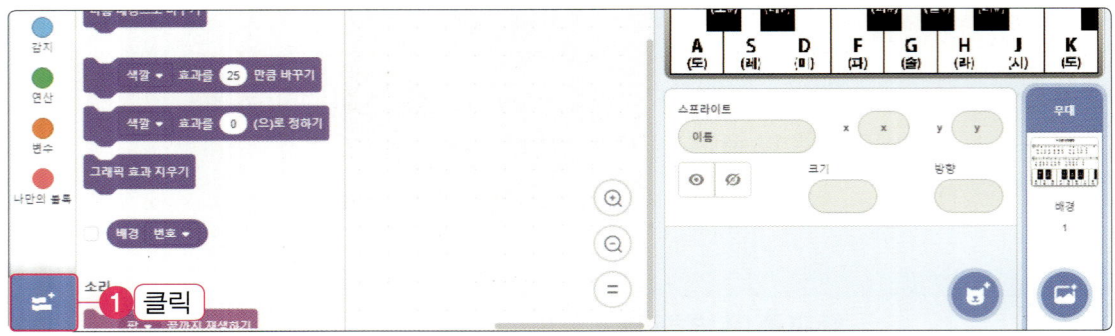

2 [확장 기능 고르기] 대화상자가 나타나면 [음악]을 클릭합니다.

3 레이아웃을 변경한 후 피아노 음과 박자를 설정하여 **특정 키(A)를 눌렀을 때** 설정한 피아노 음과 박자가 연주되도록 다음과 같이 **블록을 연결**합니다.

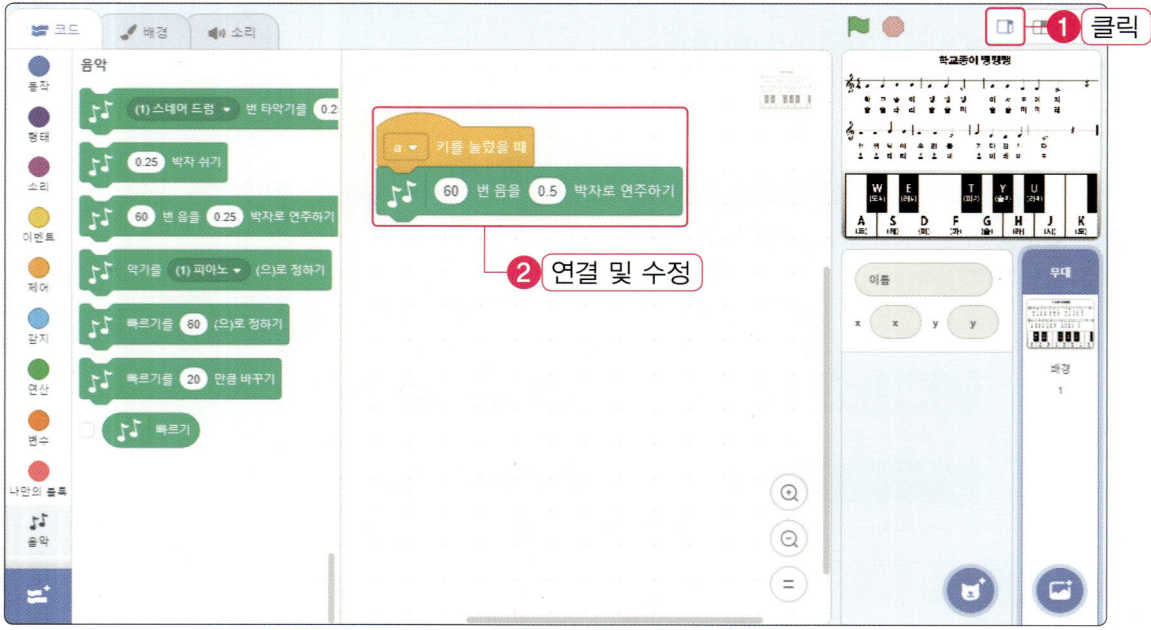

108 영재스쿨(크) · 스크래치 3.0

4 키보드의 기본자리에 해당하는 줄(A, S, D, F, G, H, J, K)에 **피아노 음계(도, 레, 미, 파, 솔, 라, 시, 도)**가 연주되도록 다음과 같이 **블록을 연결**합니다.

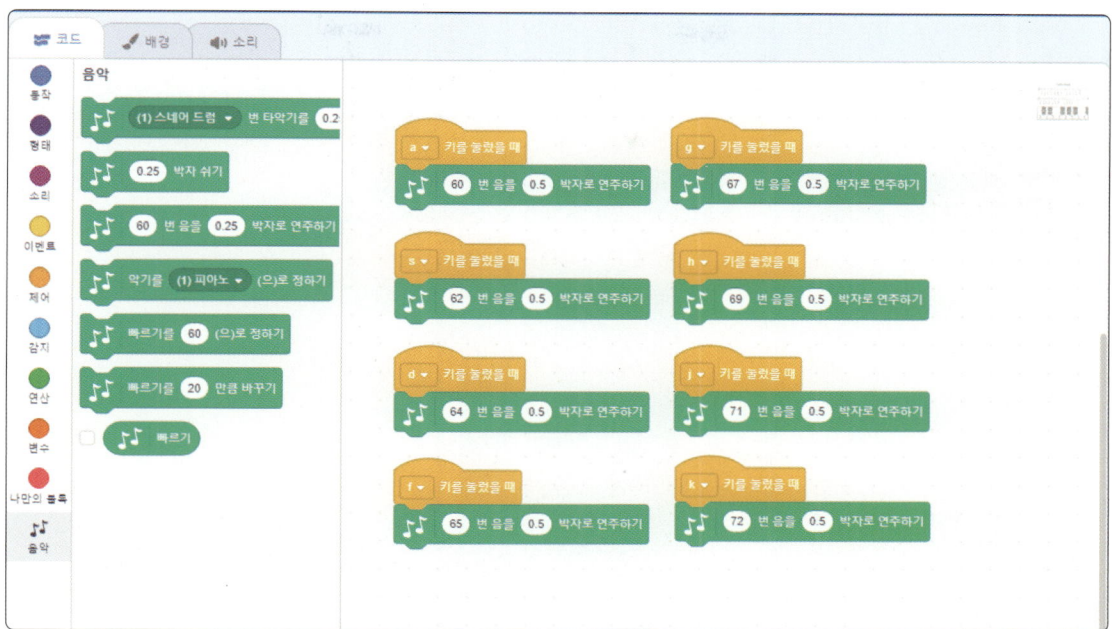

> 🏁 **TIP**
> A 키를 누르면 '낮은 도' 음을 0.5 박자로 연주 ~ K 키를 누르면 '중간 도' 음을 0.5 박자로 연주

5 키보드를 눌러 학교종이 땡땡땡을 연주합니다.

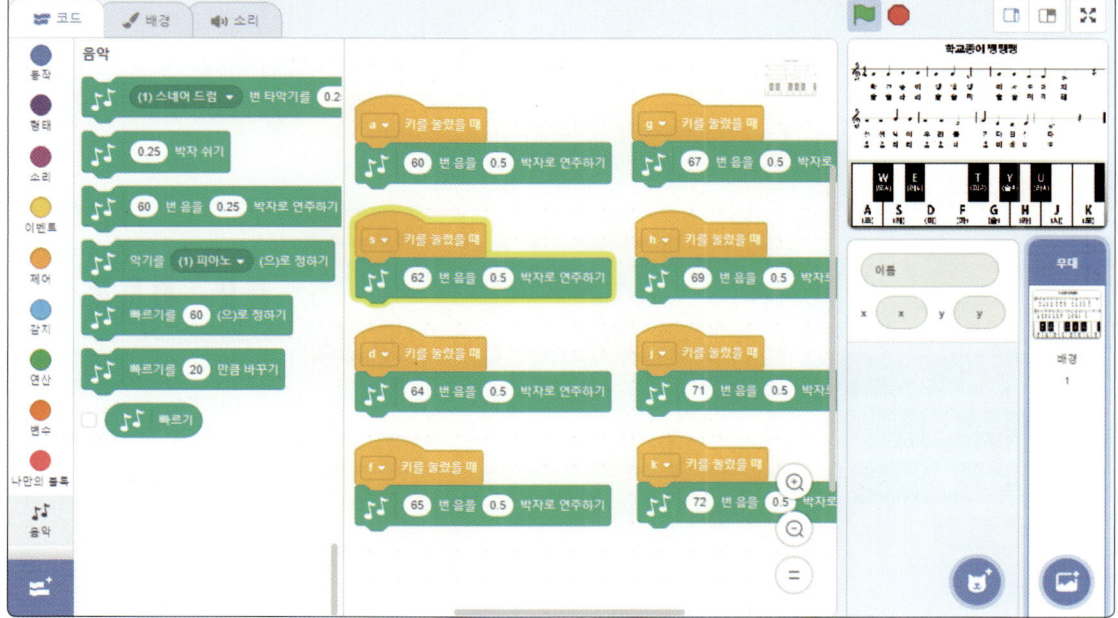

제18장 • 키보드로 피아노 연주하기 **109**

키보드 키와 악기 연결하기

1 키보드의 **숫자(1, 2)**에 악기 종류(피아노, 첼로)를 **선택**하는 블록을 다음과 같이 연결합니다.

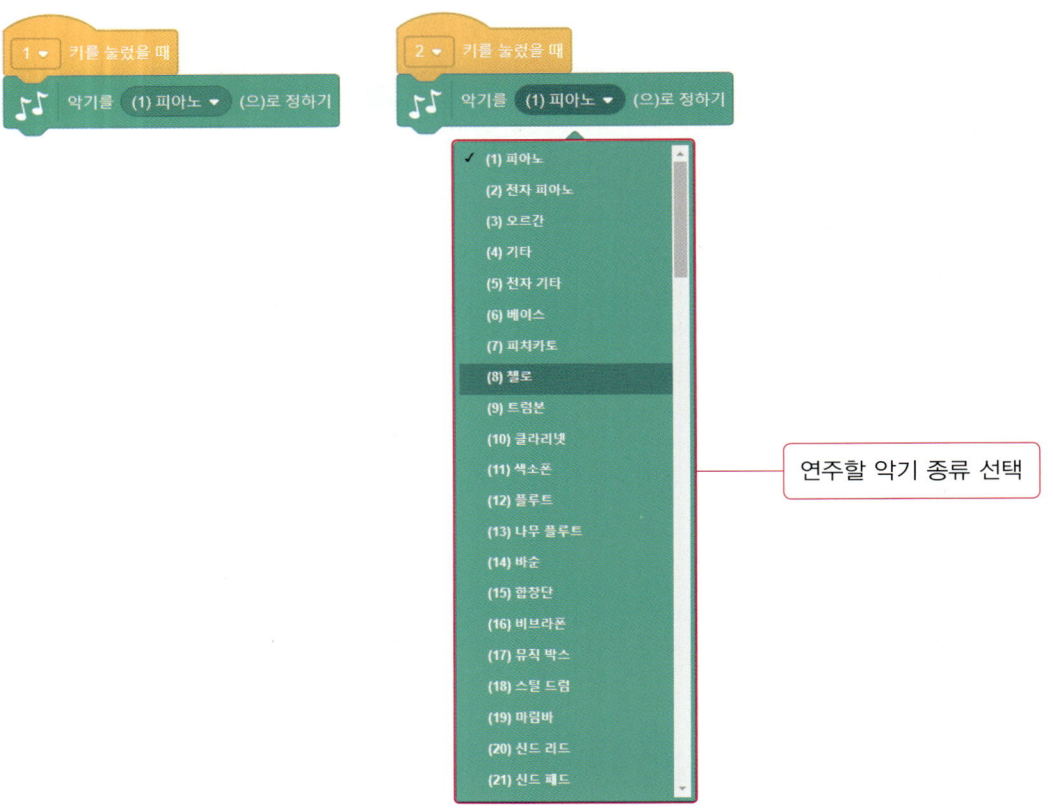

연주할 악기 종류 선택

2 **악기(첼로)를 선택**한 후 키보드를 눌러 학교종이 땡땡땡을 연주합니다.

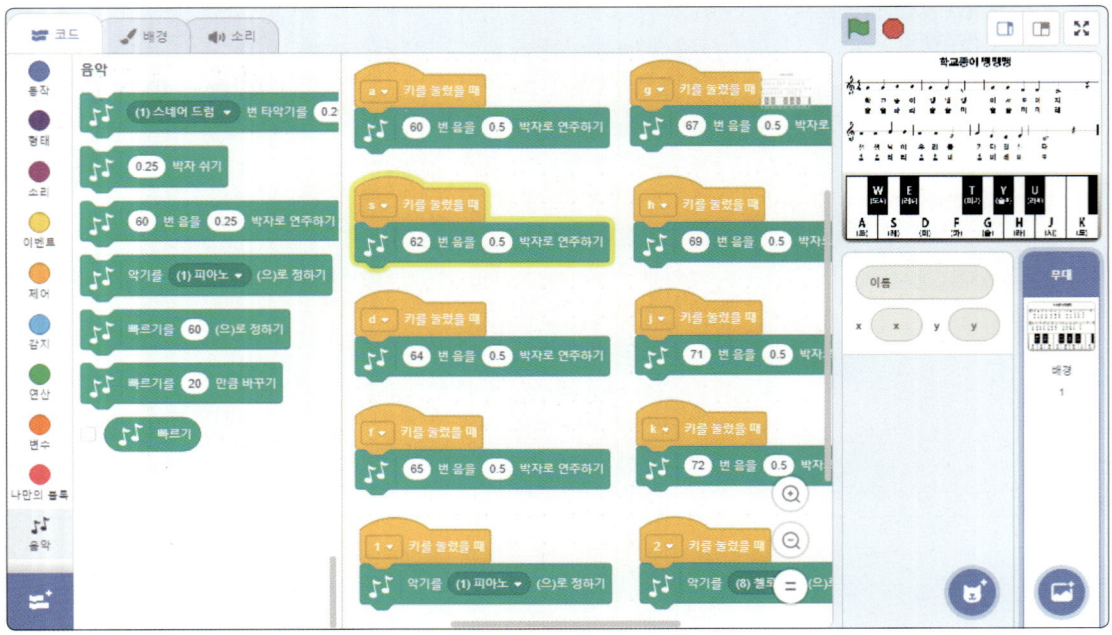

창의력 향상문제!!

추가문제 제공

문제 1 [트럼펫.sb3] 파일을 이용하여 아래의 조건으로 코딩을 완성해 보세요.
- 트럼본 소리로 트럼펫을 이용한 연주 느낌 만들기
- 트럼펫의 숫자를 누를 경우 건반 낮은 도 ~ 중간 도까지 음계 연주하기

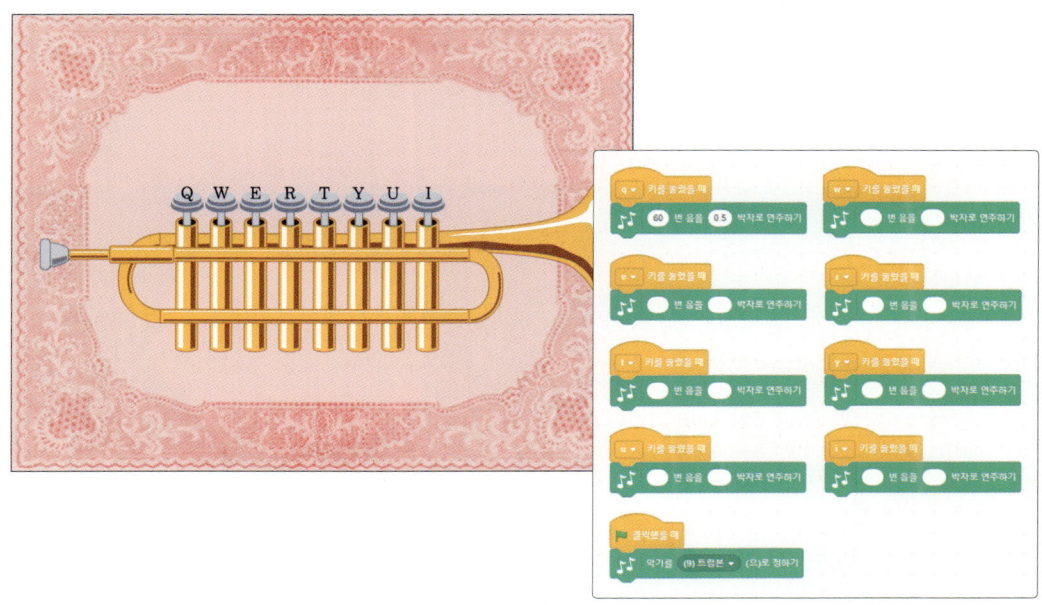

문제 2 [실로폰.sb3] 파일을 이용하여 아래의 조건으로 코딩을 완성해 보세요.
- 비브라폰 소리로 실로폰을 이용한 연주 느낌 만들기
- 실로폰의 숫자를 누를 경우 건반 낮은 도 ~ 중간 도까지 음계 연주하기

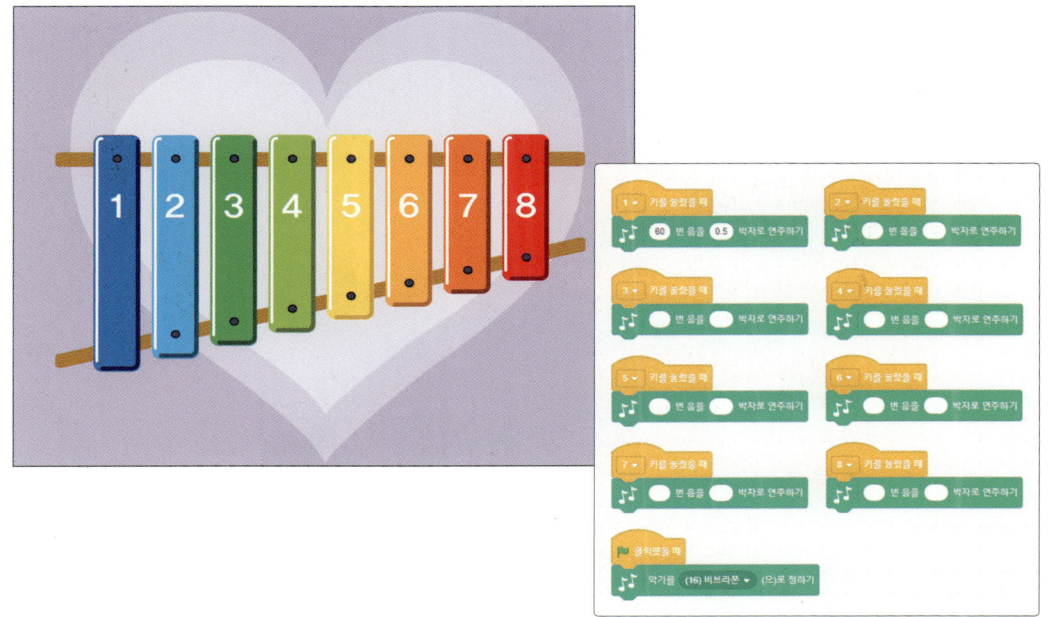

제18장 • 키보드로 피아노 연주하기

19 집중력 향상을 위한 앞쏭? 답쏭? 페이지

그림의 구름 모양 안에 단어가 서로 연결되어 있네요.
구름 안에 처음 입력된 단어가 연결되도록 단어를 입력해서 끝말잇기 게임을 만들어 보세요.

끝말 잇기

마우스로 드럼 연주하기

- 마우스를 이용하여 드럼 연주 방법을 알아봅니다.
- 마우스를 클릭할 때 드럼의 크기 변경 방법을 알아봅니다.

코딩 포인트(Coding Point)

핵심 블록 알아보기

 스프라이트를 클릭했을 때 스프라이트의 크기를 약간 크게(85%) 확대한 후 지정한 소리(베이스 드럼)를 재생하며 0.1초 기다렸다가 스프라이트의 크기를 원래의 크기(75%)로 바꿉니다.

팔레트	블록	설명
형태	크기를 100 %로 정하기	해당 스프라이트의 크기를 입력한 값으로 정합니다.

제19장 • 마우스로 드럼 연주하기 **113**

스프라이트의 소리 추가하기

1 프로젝트 파일(드럼)을 열고 **[음악] 팔레트를 추가**한 후 **레이아웃을 변경**합니다. 그런다음 드럼1 스프라이트를 클릭하면 베이스 드럼 소리가 나도록 다음과 같이 **블록을 연결**합니다.

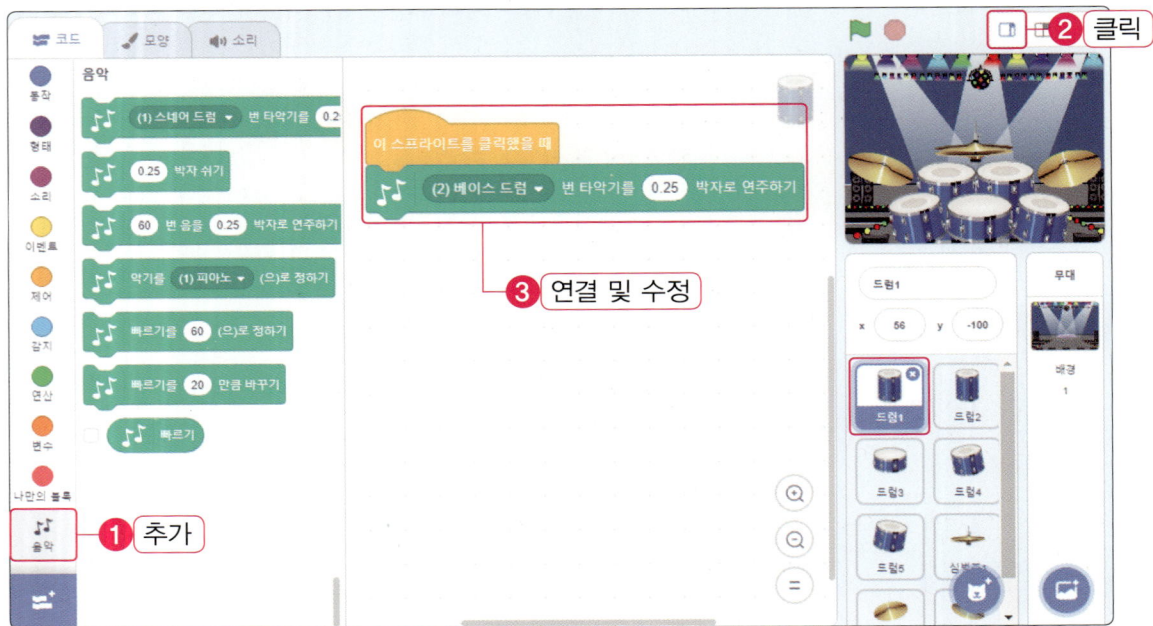

> **TIP**
>
> **확장 기능 추가하기**
> [확장 기능 추가하기]를 클릭한 후 [확장 기능 고르기] 대화상자가 나타나면 [음악]을 클릭합니다.

♥ 창의적 생각 만들기

임의의 박자로 반복하여 드럼 연주하기

드럼1과 드럼2에 `1 부터 10 사이의 난수` 블록을 이용하여 임의의 박자로 두 개의 드럼이 함께 연주하도록 설정할 수 있습니다.

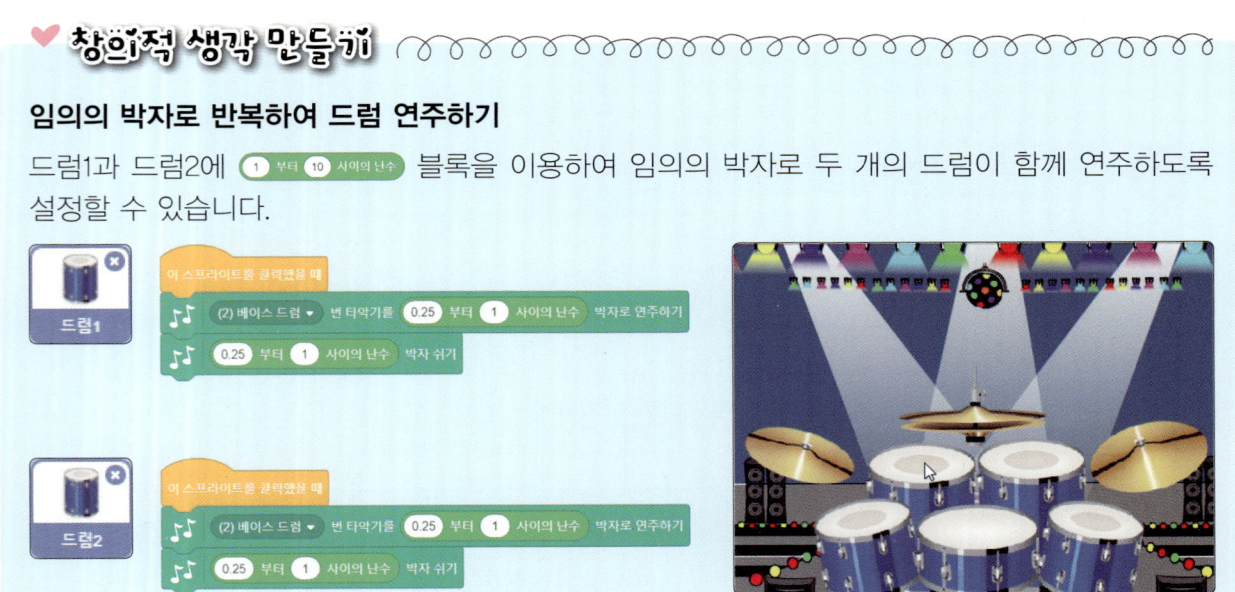

드럼 소리와 함께 크기 변경하기

1 드럼 소리와 함께 스프라이트가 커졌다가 다시 원래의 크기로 되돌아오도록 다음과 같이 블록을 연결합니다.

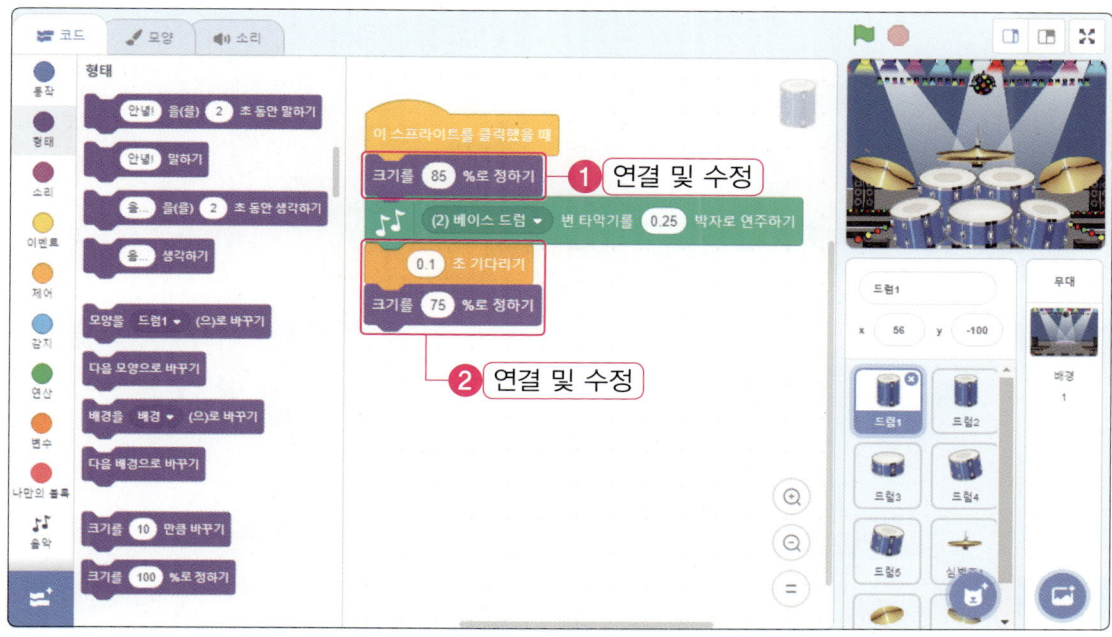

TIP 스프라이트의 이미지 크기를 85%로 확대한 후 소리를 연주한 다음 0.1초 기다리고 원래 크기(75%)로 변경됩니다.

2 같은 방법으로 스프라이트마다 해당 **스프라이트를 클릭했을 때 크기 변경** 및 해당 **소리가 재생**되도록 다음과 같이 블록을 연결합니다.

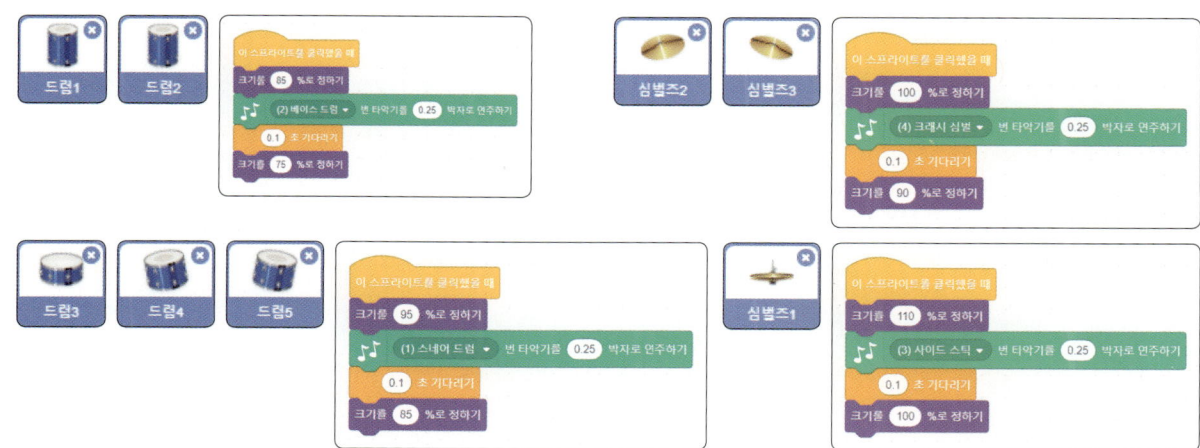

제19장 · 마우스로 드럼 연주하기 **115**

3 ▶ [시작하기]를 클릭한 후 원하는 스프라이트를 클릭하여 크기 변경 및 소리가 재생되는지 확인합니다.

창의력 향상문제!!

문제 1 [타악기.sb3] 파일을 이용하여 아래의 조건으로 코딩을 완성해 보세요.
- 스프라이트 : 80%의 크기에서 원래 크기로 바뀌면서 연주되도록 만들기
- 콩가드럼 스프라이트 : 14번 타악기를 0.25 박자로 연주하고 0.1초 기다리기
- 봉고 스프라이트 : 13번 타악기를 0.25 박자로 연주하고 0.1초 기다리기
- 탬버린 스프라이트 : 7번 타악기를 0.25 박자로 연주하고 0.1초 기다리기

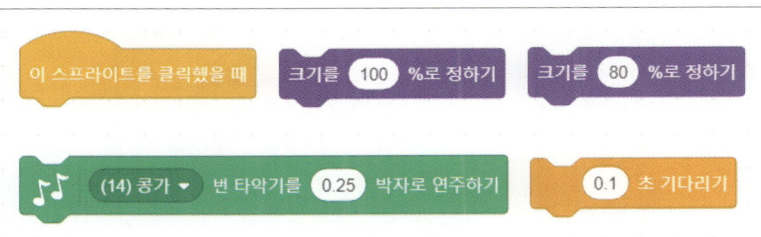

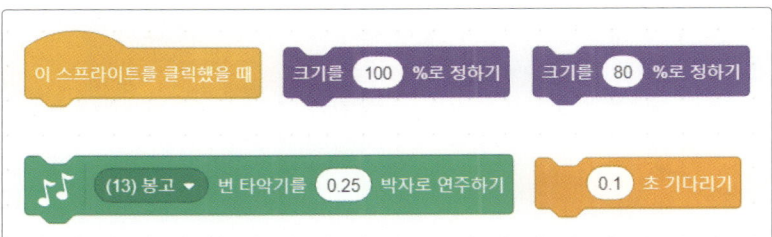

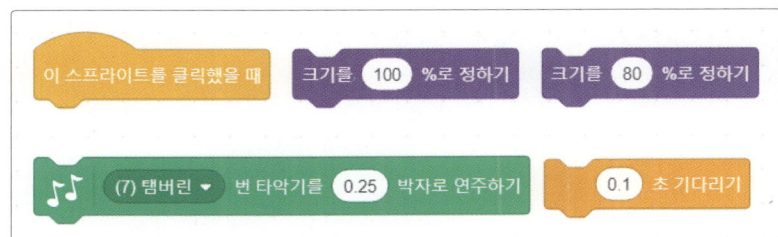

제19장 · 마우스로 드럼 연주하기

20 집중력 향상을 위한 앗송? 닷송? 페이지

아래 그림은 사랑이 방이 거울에 비친 모습입니다.
이 거울에 비친 모습 중 사실과 다르게 그린 것이 두군데 있습니다. 어느 부분인지 찾아보세요.

숨은 오류 찾아내기

재미있는 낙서장 만들기

- 마우스를 이용하여 그림 그리기 및 멈춤 방법에 대해 알아봅니다.
- 펜 색의 굵기 및 색 지정 방법에 대해 알아봅니다.

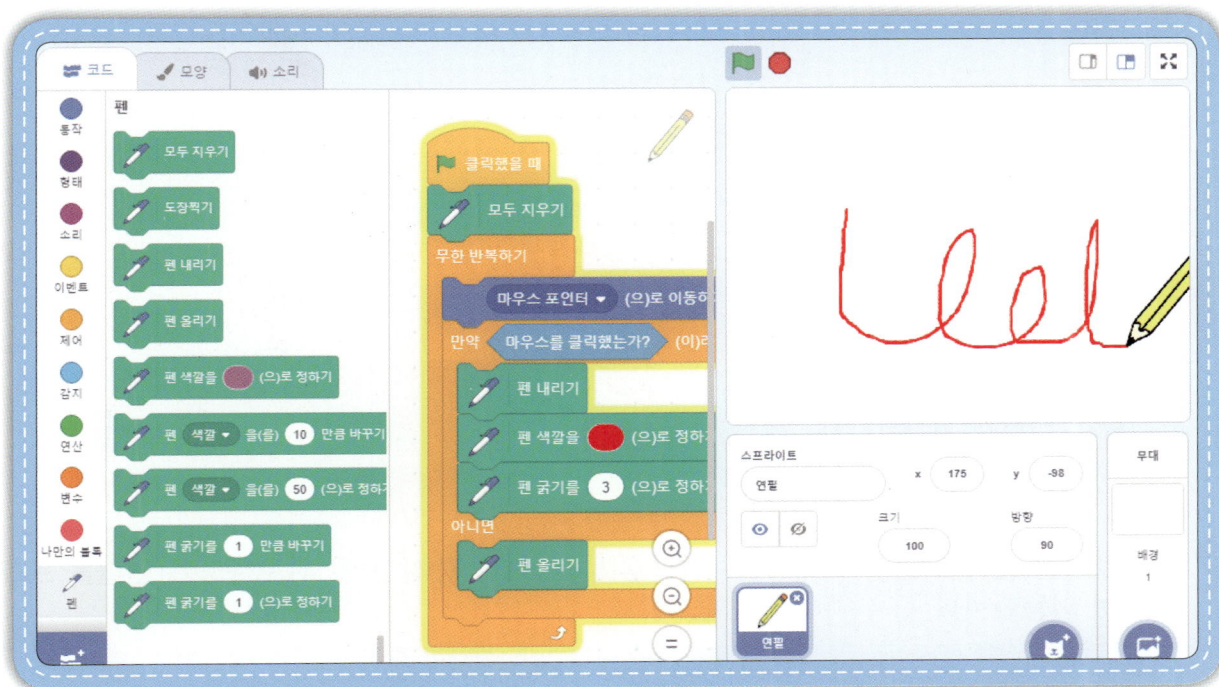

코딩 포인트 (Coding Point)

팔레트	블록	설명
동작	마우스 포인터 ▼ (으)로 이동하기	스프라이트의 위치를 마우스 포인터나 선택한 스프라이트의 위치로 이동합니다.
펜	모두 지우기	실행 창을 깨끗하게 지웁니다.
	펜 내리기	실행 창에 펜으로 그림을 그립니다.
	펜 올리기	실행 창에서 펜을 떼고 그려지지 않도록 합니다.
	펜 색깔을 ● (으)로 정하기	펜의 색깔을 색 추출기로 지정합니다.
	펜 굵기를 1 (으)로 정하기	펜의 굵기를 입력 값으로 지정합니다.

제20장 • 재미있는 낙서장 만들기

스프라이트의 중심점 변경하기

1 프로젝트 파일(스케치북)을 열고 연필 스프라이트의 **[모양]** 탭에서 연필을 드래그하여 **선택**한 후 **그룹화 적용**을 클릭합니다.

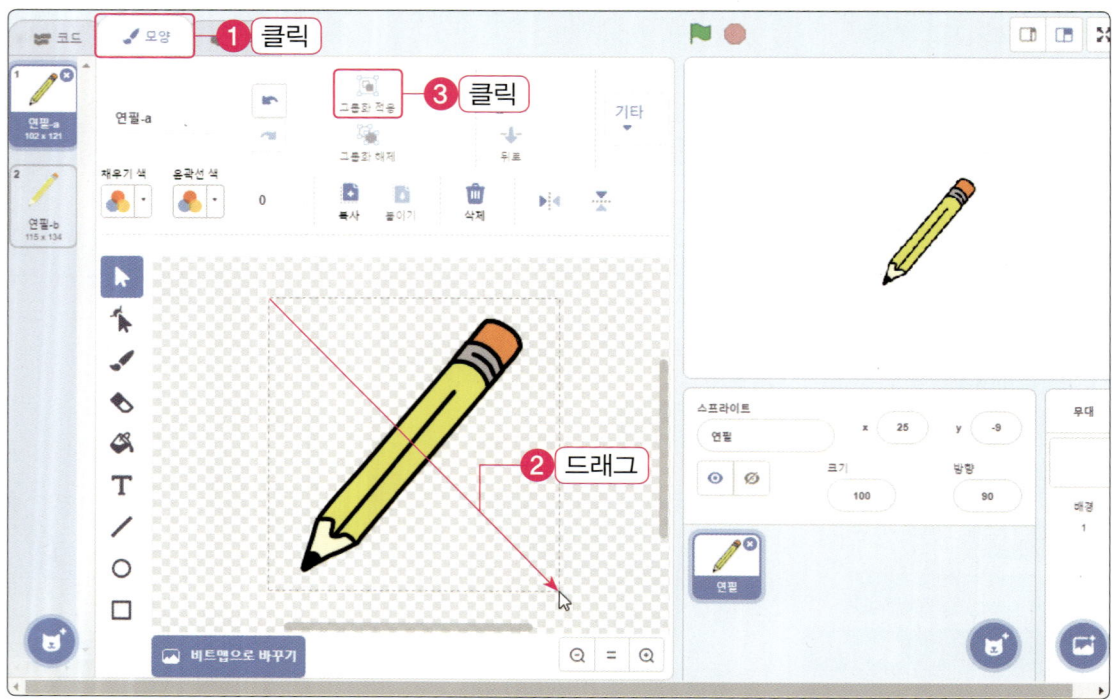

2 [확대]를 눌러 모양을 확대한 후 연필심이 [모양 중심점]에 위치하도록 **연필을 드래그하여 이동**합니다.

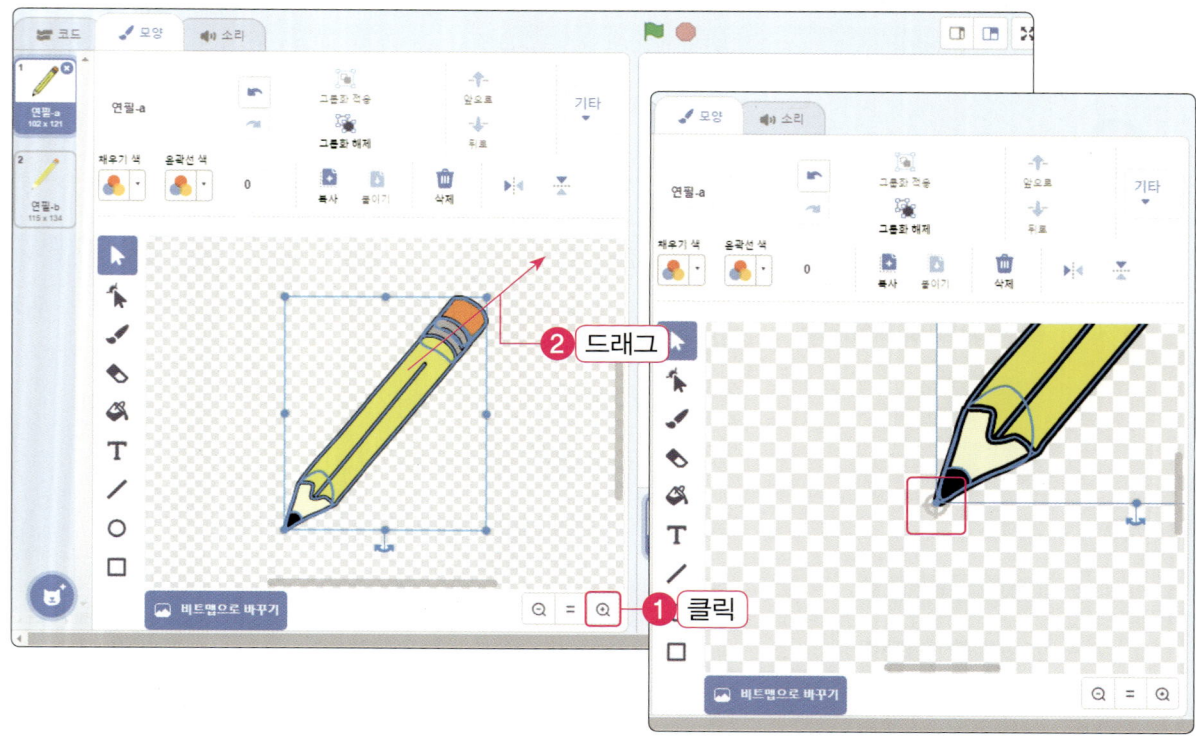

펜 색 및 굵기 변경하여 그림 그리기

1 레이아웃을 변경한 후 **펜 팔레트를 추가**합니다. 그런다음 마우스를 클릭했을 때 **펜으로 그림을 그릴 수 있도록 설정**하기 위해 다음과 같이 **블록을 연결**합니다.

2 펜 색을 변경하기 위해 ![펜 색깔을 (으)로 정하기] 블록을 추가한 후 **색상, 채도, 명도**를 조절하여 **펜 색을 지정**합니다.

> **TIP**
> 블록 안의 색을 클릭한 후 [스포이드]를 클릭한 다음 펜 색으로 지정할 색을 클릭하여 색을 지정할 수 있습니다.

제20장 · 재미있는 낙서장 만들기

3 펜 굵기를 변경하기 위해 블록을 추가한 후 **입력 값(3)을 수정**합니다.

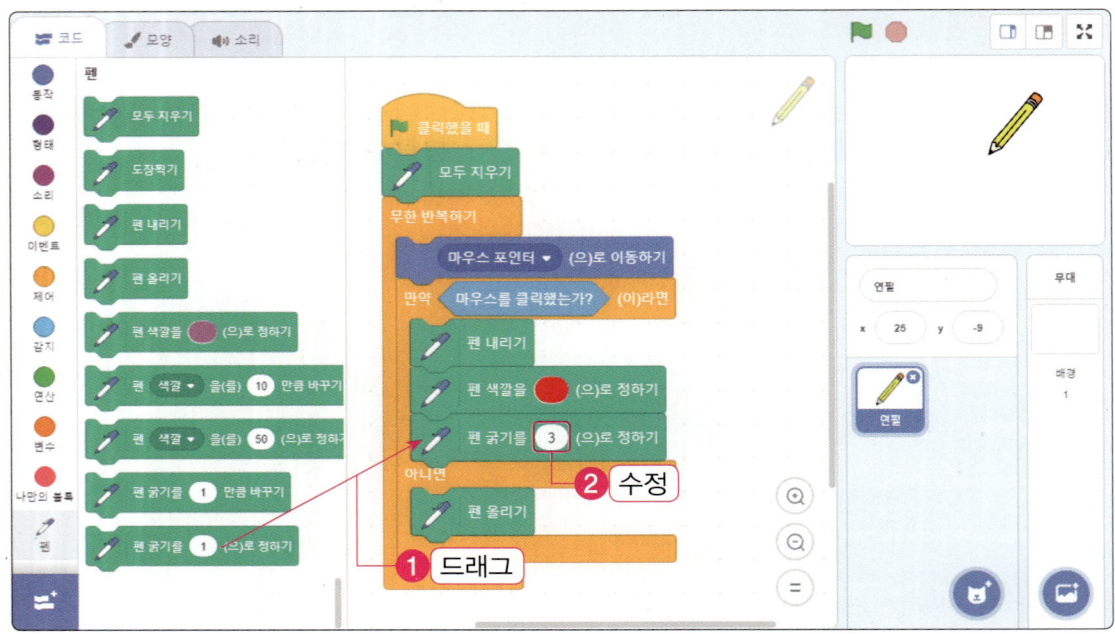

> **TIP** 펜 굵기 숫자값이 작을 수록 굵기가 얇고, 클수록 굵은 펜으로 설정됩니다.

4 ▶[시작하기]를 클릭한 후 마우스를 이용하여 그림을 그려봅니다.

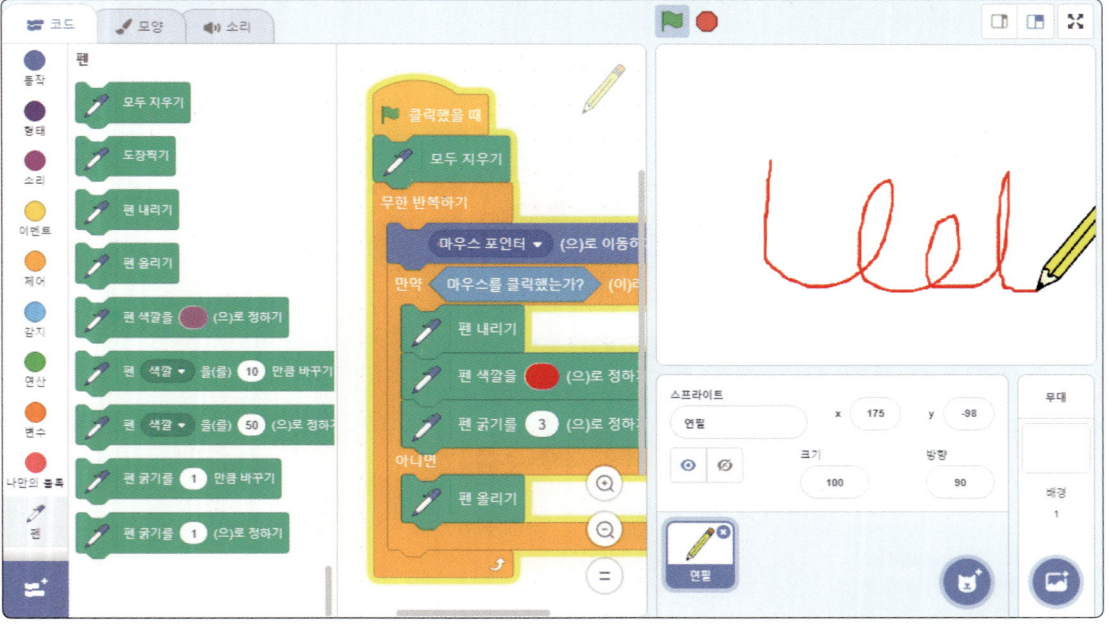

창의력 향상문제

문제 1 [사자성어.sb3] 파일을 이용하여 아래의 조건으로 코딩을 완성해 보세요.
- [시작하기]를 클릭하면 그리기로 작성한 모든 내용을 지우기
- 붓 스프라이트
  - 마우스 포인터 위치로 이동, 색상 : 검정, 굵기 : 10
  - 마우스를 클릭하면 그리기를 시작하고 그렇지 않으면 그리기를 멈춥니다.

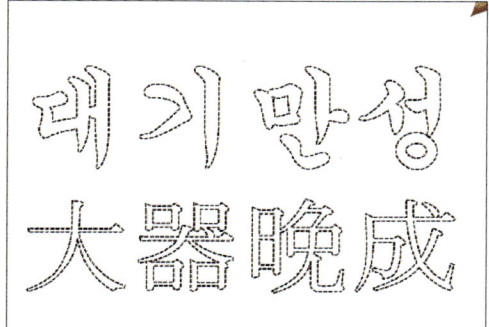

문제 2 [태극기.sb3] 파일을 이용하여 아래의 조건으로 코딩을 완성해 보세요.
- [시작하기]를 클릭하면 그리기로 작성한 모든 내용을 지우기
- 형광펜 스프라이트
  - 마우스 포인터 위치로 이동, 색상 : 검정, 굵기 : 사용자 임의 설정
  - 마우스를 클릭하면 그리기를 시작하고 그렇지 않으면 그리기를 멈춥니다.

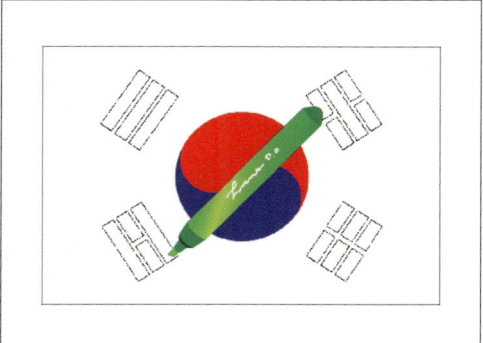
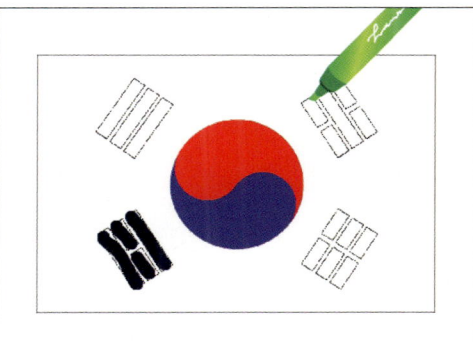

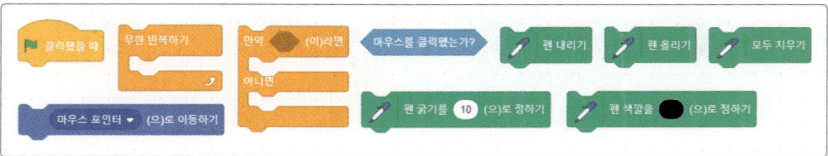

21 집중력 향상을 위한 앞쏭? 닷쏭? 페이지

유령과 드라큐라, 해골 괴물등이 등장하는 미로방에 보물이 있다는 정보를 알아냈습니다. 유령, 드라큐라, 해골, 박쥐 등을 만나지 않고 보물을 찾아보세요.

길 찾기

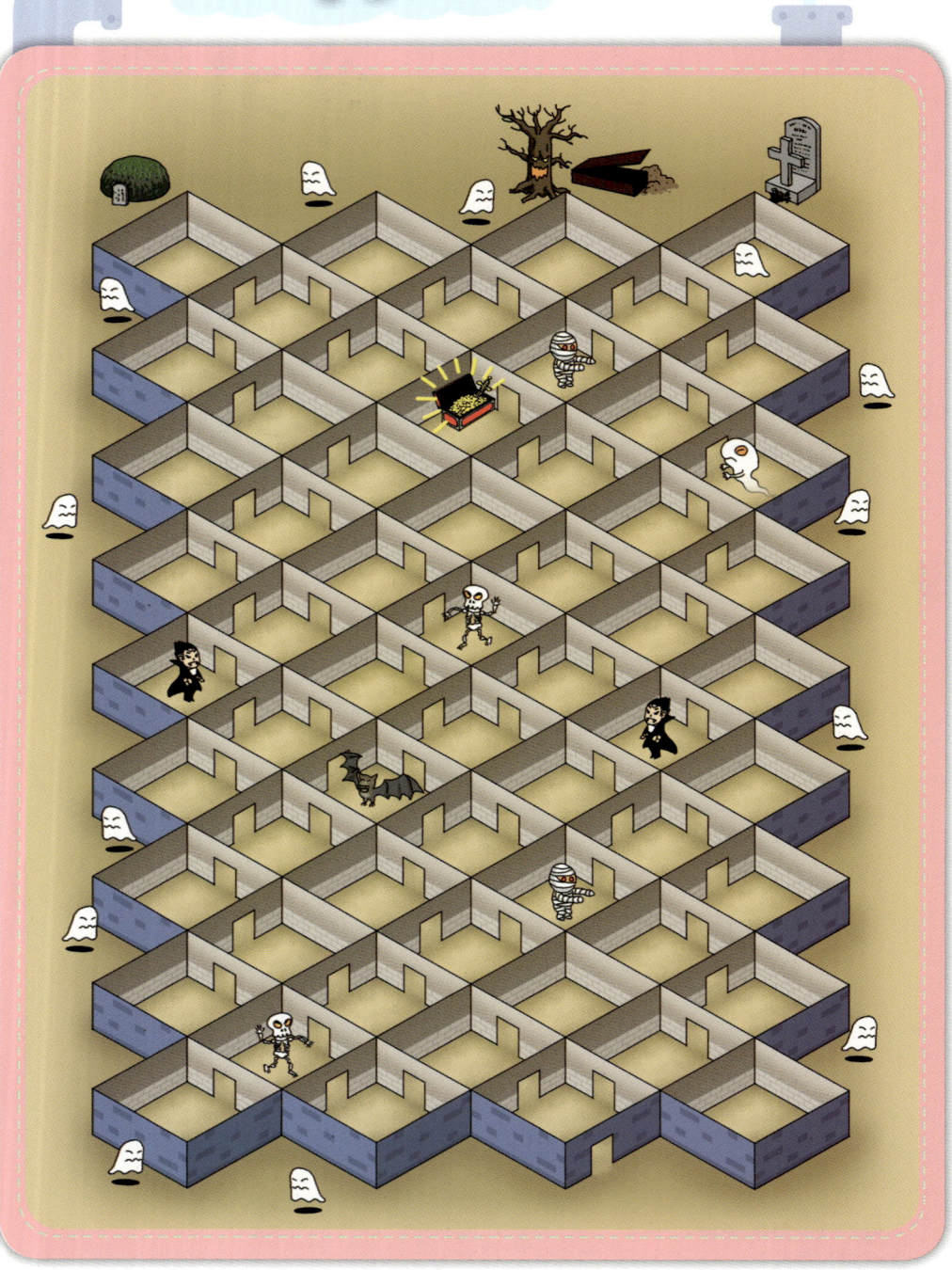

칭찬 스티커 모음판 만들기

오늘의 놀이
- 스프라이트의 모양에 대해 도장찍기 실행 방법에 대해 배워봅니다.
- 실행 창에 표시된 이미지를 모두 지우는 방법에 대해 배워봅니다.

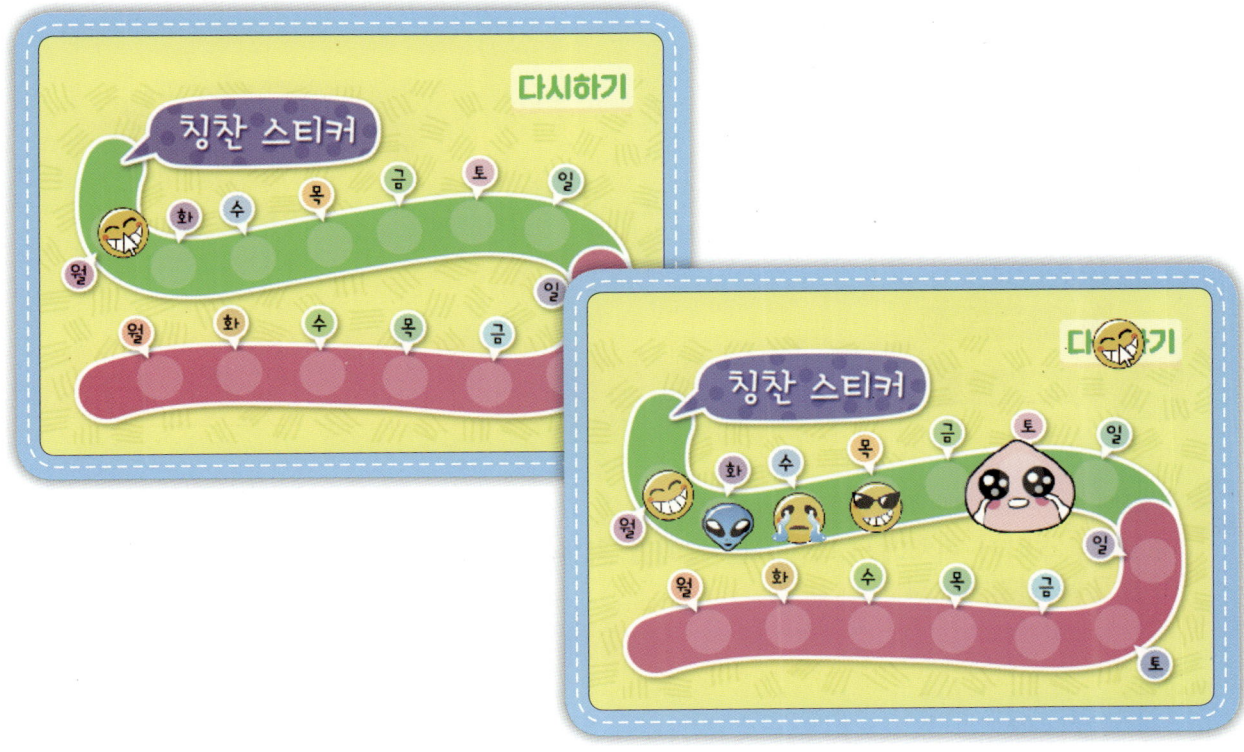

코딩 포인트 (Coding Point)

핵심 블록 알아보기

만약, 스티커위치를 마우스로 클릭한 경우 현재 스프라이트를 사진찍듯이 찍습니다.

스프라이트의 모양을 이전 모양으로 바꿉니다.

팔레트	블록	설명
펜	도장찍기	스프라이트의 모양을 도장처럼 실행화면 위에 찍습니다.
형태	모양 번호	스프라이트의 현재 모양이 몇 번째인지 알려줍니다.

제21장 · 칭찬 스티커 모음판 만들기

스티커 찍기 및 모양과 크기 바꾸기

1 프로젝트 파일(칭찬스티커)을 열고 **레이아웃을 변경**한 후 **스프라이트 목록을 확인**합니다.

2 스티커 스프라이트에 [시작하기]를 클릭했을 때 **무한 반복해서 마우스 포인터를 따라 다니며 만약, 스티커 위치에서 마우스를 클릭할 경우 스티커가 해당 위치에 찍히도록 다음과 같이 블록을 연결**합니다.

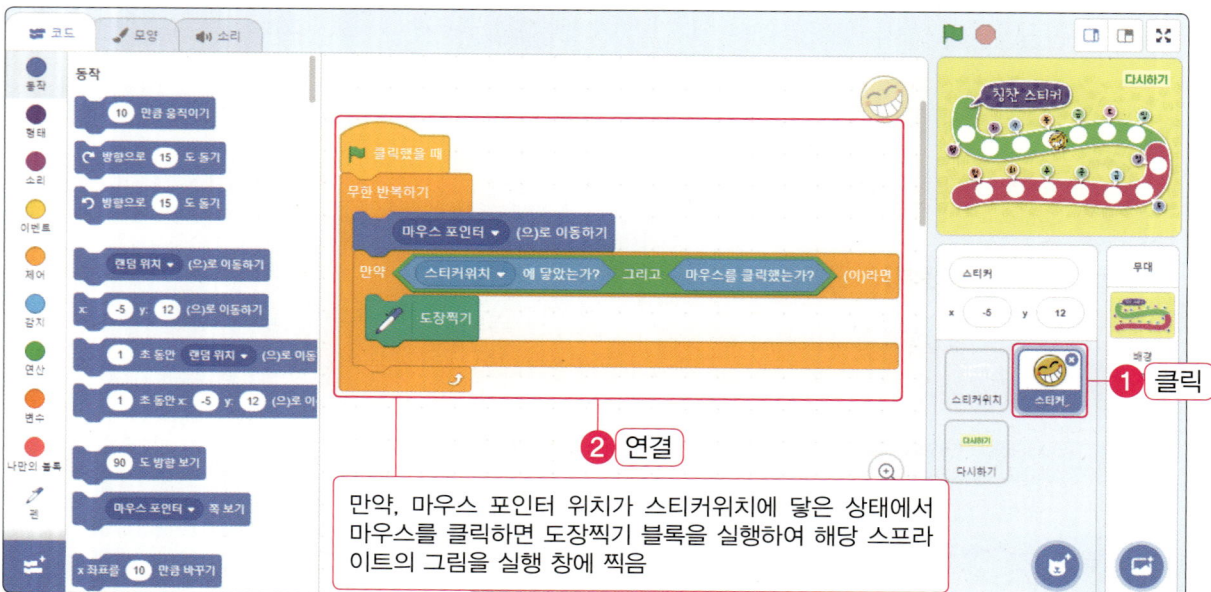

만약, 마우스 포인터 위치가 스티커위치에 닿은 상태에서 마우스를 클릭하면 도장찍기 블록을 실행하여 해당 스프라이트의 그림을 실행 창에 찍음

3 키보드의 **왼쪽 화살표(←) 키를 눌렀을 경우 이전 모양**으로, **오른쪽 화살표(→) 키를 눌렀을 경우 다음 모양**으로 바뀌도록 다음과 같이 **블록을 연결**합니다.

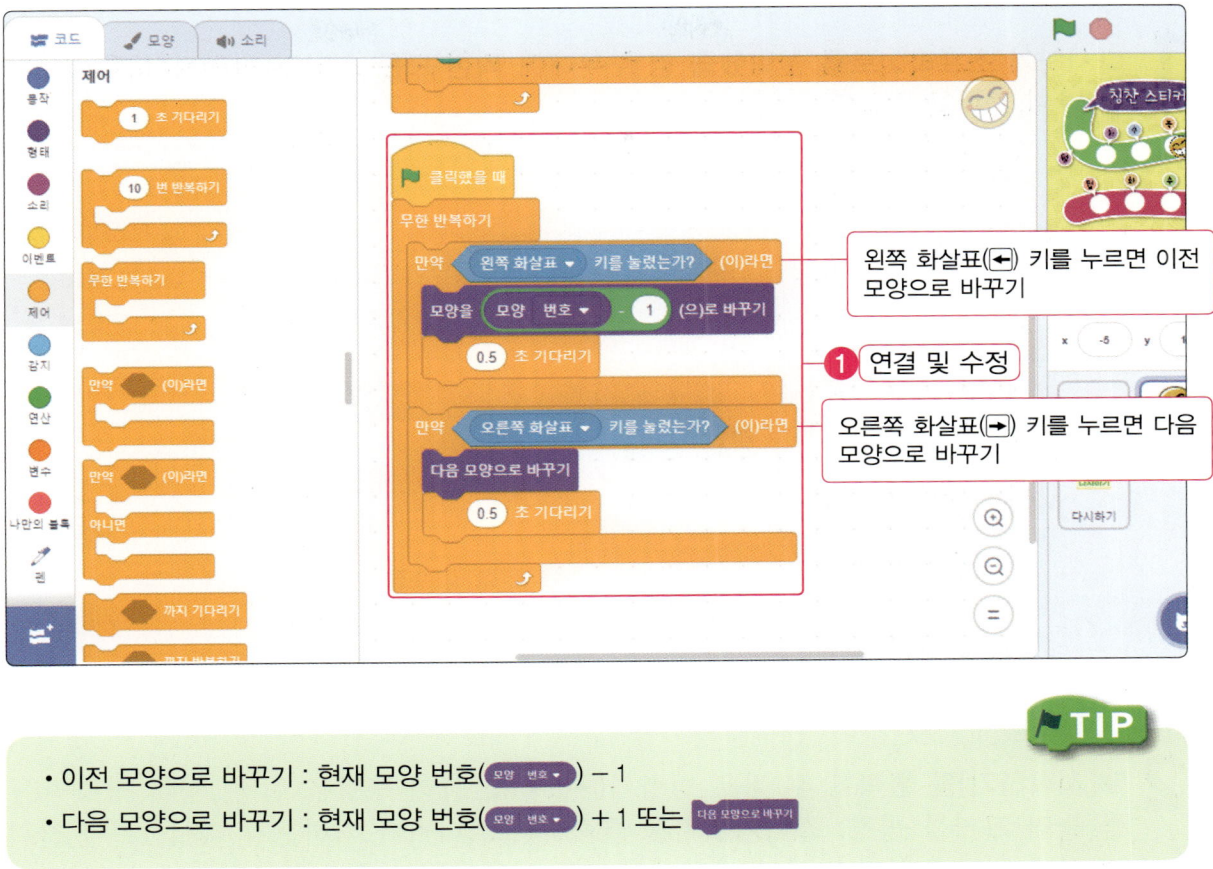

TIP
- 이전 모양으로 바꾸기 : 현재 모양 번호(모양 번호) − 1
- 다음 모양으로 바꾸기 : 현재 모양 번호(모양 번호) + 1 또는 다음 모양으로 바꾸기

4 위쪽 화살표(↑) 키를 누르면 크기를 10만큼씩 크게, 아래쪽 화살표(↓) 키를 누르면 크기를 10만큼씩 작게 바뀌도록 다음과 같이 블록을 연결합니다.

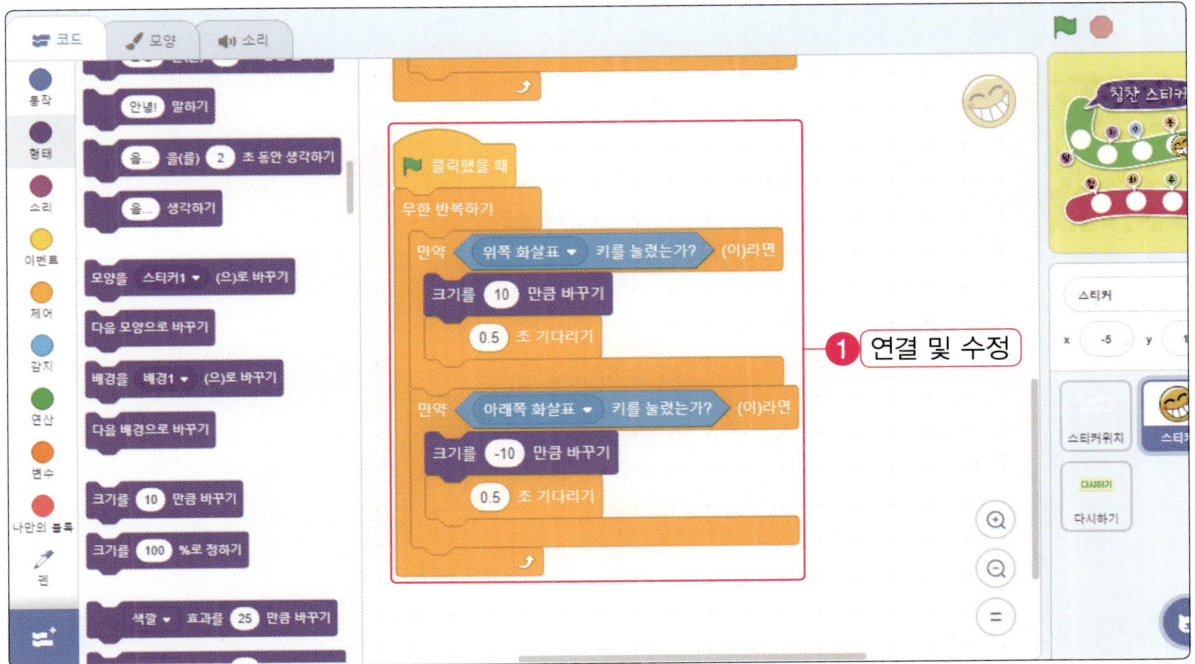

제21장 · 칭찬 스티커 모음판 만들기 **127**

스티커 모두 지우기 및 블록 코딩 실행하기

1 다시하기 스프라이트를 클릭했을 경우 무대에 찍힌 모든 스티커 이미지를 지우도록 다음과 같이 **블록을 연결**합니다.

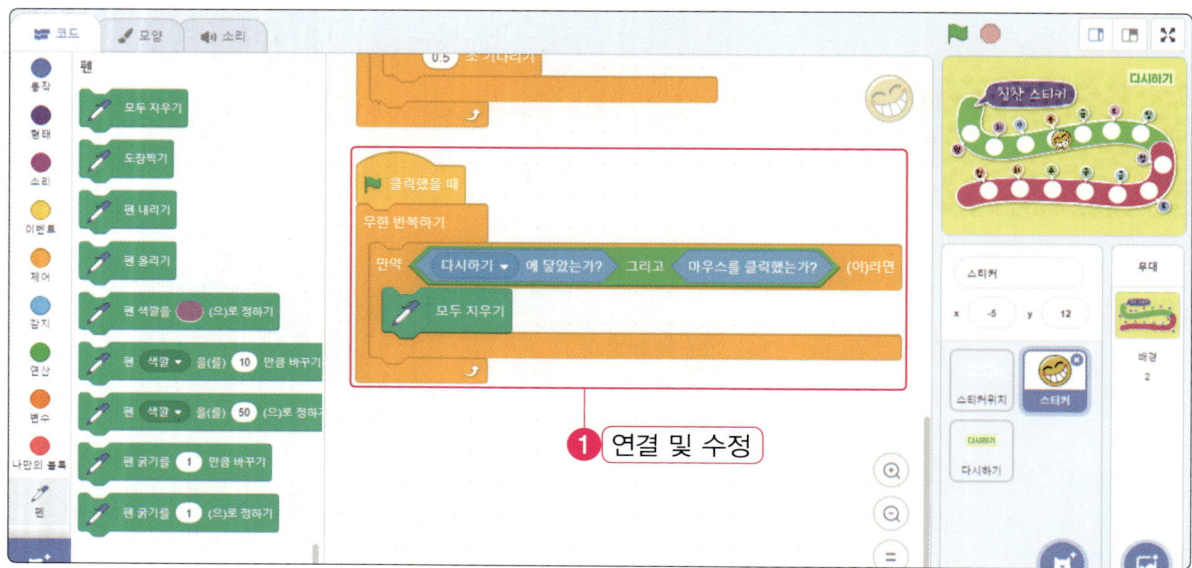

2 🏁[시작하기]를 **클릭**한 후 좌우 방향키(←/→)를 눌러 모양을 변경, 상하 방향키(↑/↓)를 눌러 크기를 변경, 스티커위치를 클릭하여 스티커가 찍히는지 다시하기를 클릭했을 때 실행 창에 표시된 스티커 이미지가 모두 지워지는지 확인합니다.

문제 1 [발자국.sb3] 파일을 이용하여 아래의 조건으로 코딩을 완성해 보세요.
- 키보드의 SpaceBar 키를 누르거나 마우스를 클릭하면 스프라이트 이미지 도장찍기
- 키보드의 왼쪽 화살표(←) 키를 누르면 이전, 오른쪽 화살표(→) 키를 누르면 다음 모양
- 키보드의 위쪽 화살표(↑) 키를 누르면 크게, 아래쪽 화살표(↓) 키를 누르면 작게 표시
- 키보드의 A 키를 누르면 실행 창에 찍힌 모든 이미지를 지우기

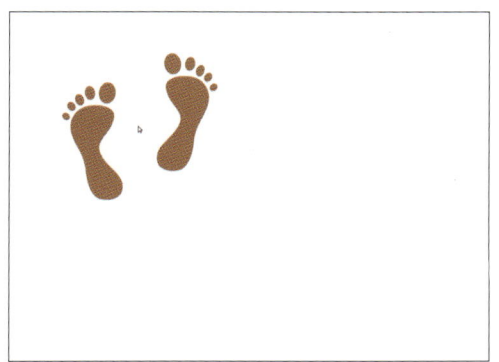

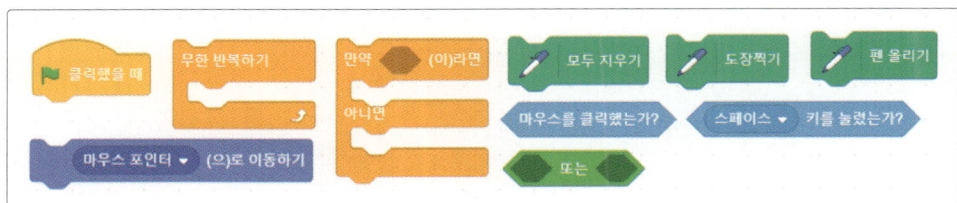

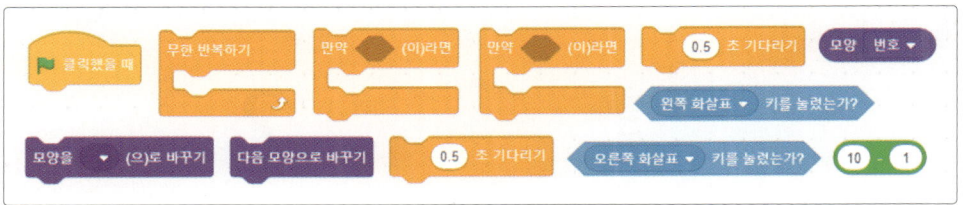

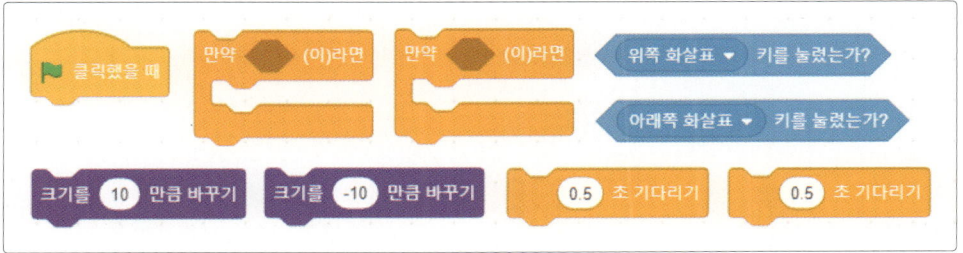

제21장 • 칭찬 스티커 모음판 만들기

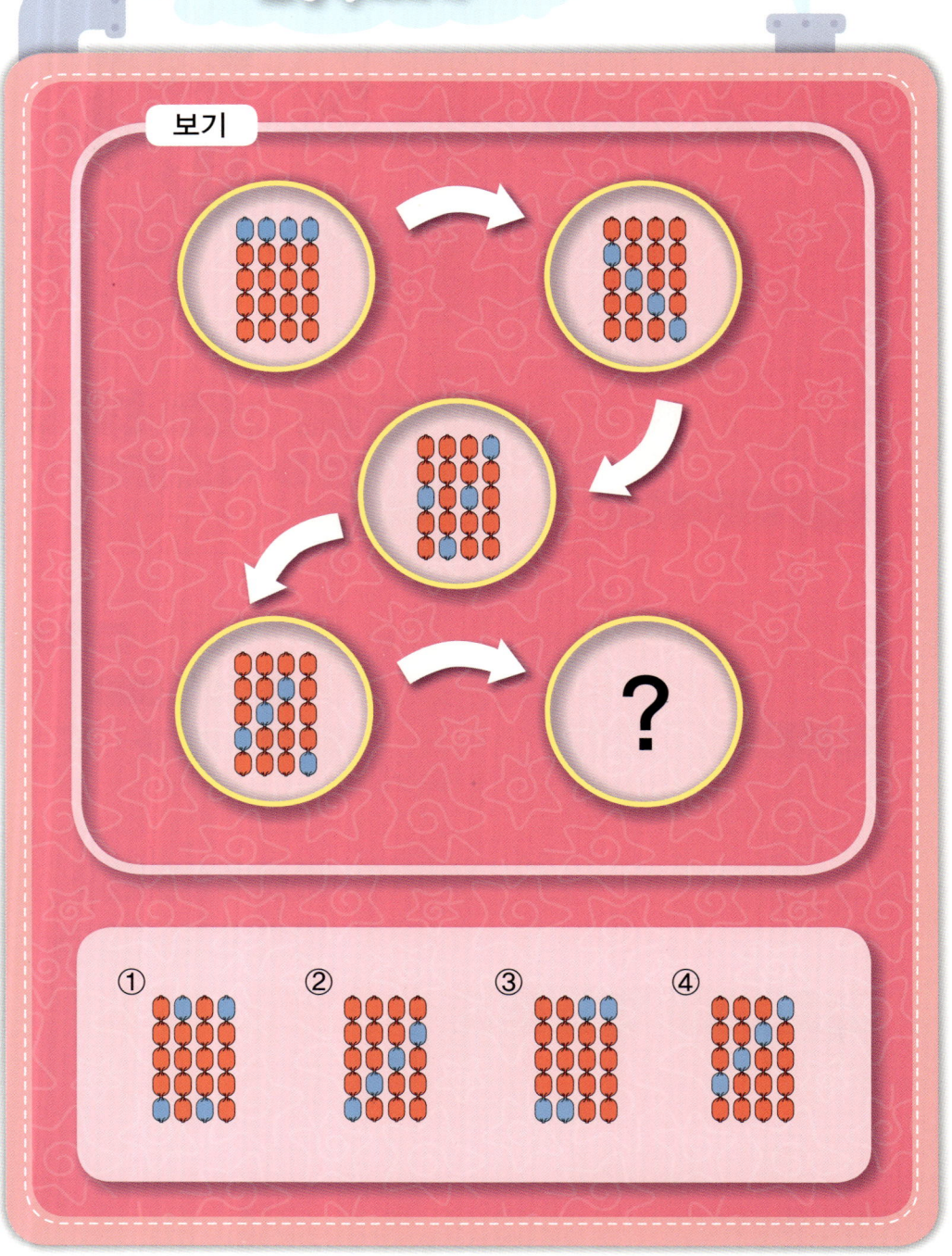

마우스를 따라 다니는 자동차

오늘의 놀이
- 마우스를 따라 이동하는 스프라이트를 만들어봅니다.
- 특정 스프라이트에 닿았을 경우 크기 및 위치 이동 방법에 대해 배워봅니다.

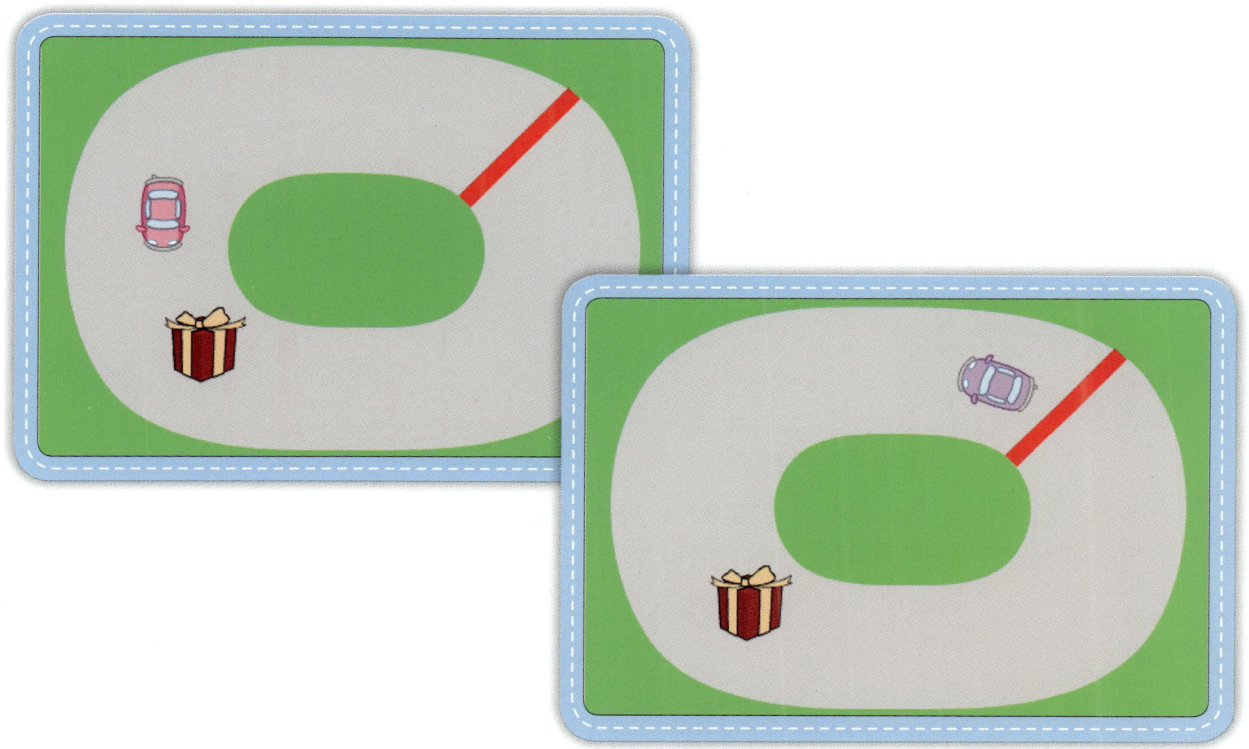

 코딩 포인트(Coding Point)

핵심 블록 알아보기

[시작하기]를 클릭했을 때 무한 반복하여 마우스 포인터 쪽을 바라보며 해당 방향으로 입력 값(5) 만큼 이동합니다.

팔레트	블록	설명
동작	마우스 포인터 ▼ 쪽 보기	해당 스프라이트가 다른 스프라이트 또는 마우스 포인터 쪽을 바라봅니다.

자동차 스프라이트의 모양 바꾸기

1 프로젝트 파일(자동차경주)을 열고 **레이아웃을 변경**한 후 **스프라이트 목록을 확인**합니다.

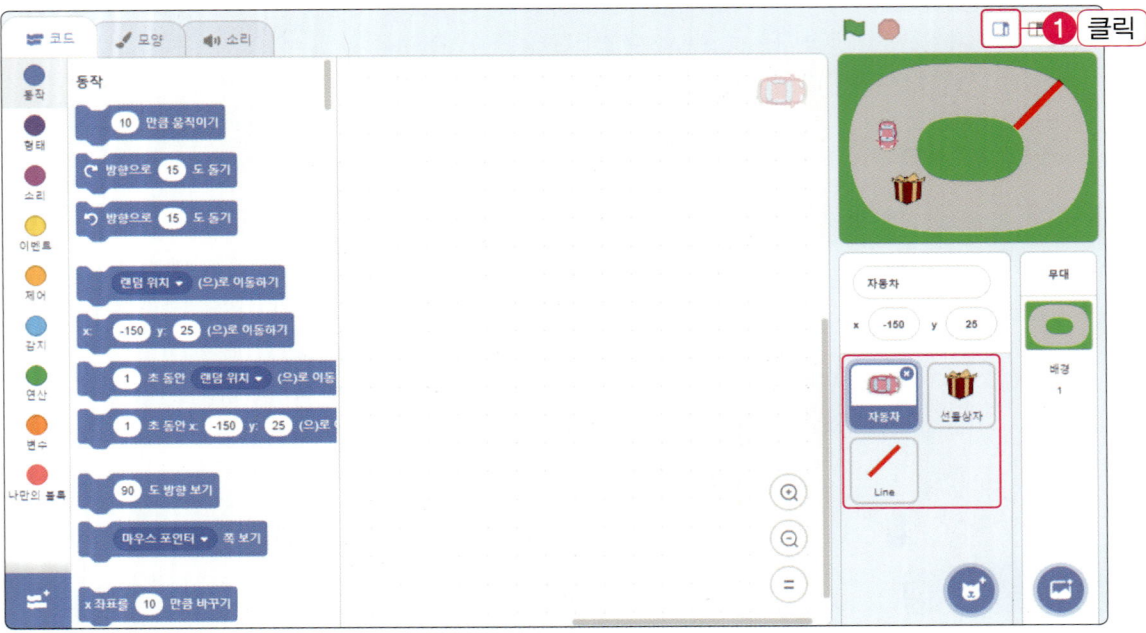

2 자동차 스프라이트에서 **무한 반복하여** 자동차의 모양을 0.1초 단위로 다음 모양으로 바꾸도록 다음과 같이 **블록을 연결**합니다.

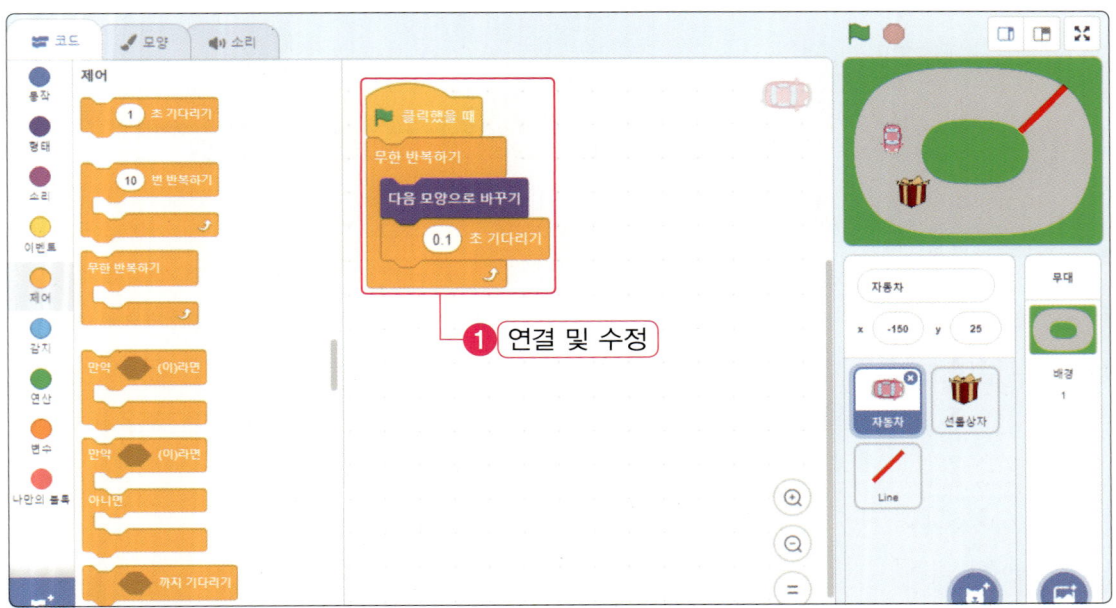

TIP

🚩[시작하기]를 클릭했을 때 무한 반복하여 자동차 스프라이트의 모양을 0.1초 단위로 다음 모양으로 바꿉니다.

마우스를 따라 다니는 자동차의 장애물 만들기

1 마우스 포인터를 바라보며 **5만큼 무한 반복하여 이동**하도록 다음과 같이 **블록을 연결**합니다.

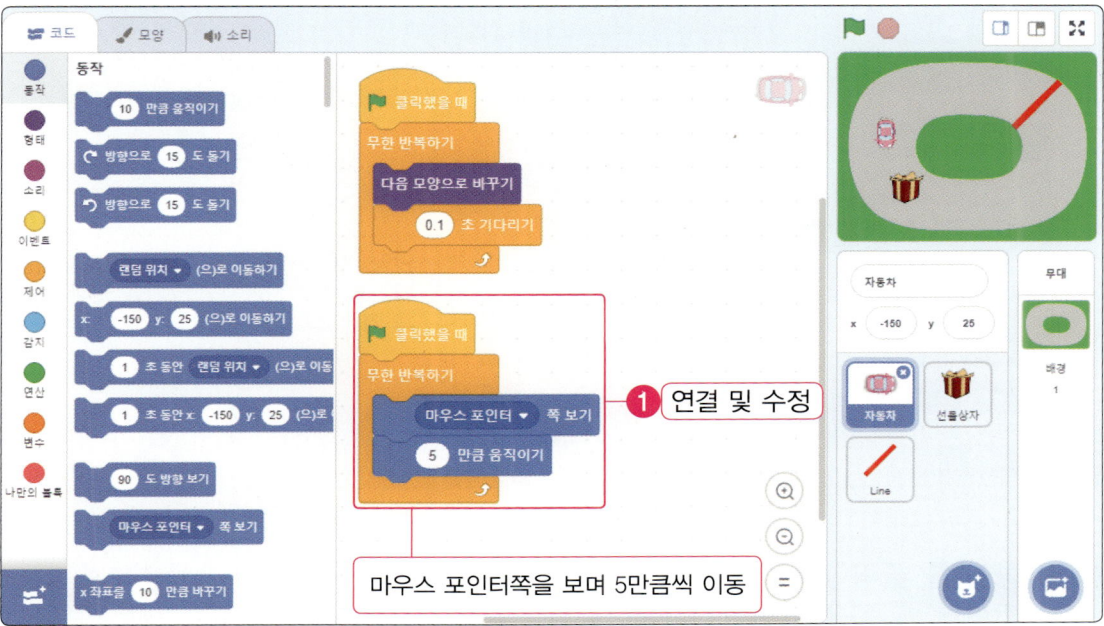

2 자동차 스프라이트가 **선물상자에 닿았을 경우 자동차 크기를 15%로 축소**하고 Line에 닿았을 경우 원래 크기(30%)로 바꾸도록 다음과 같이 **블록을 연결**합니다.

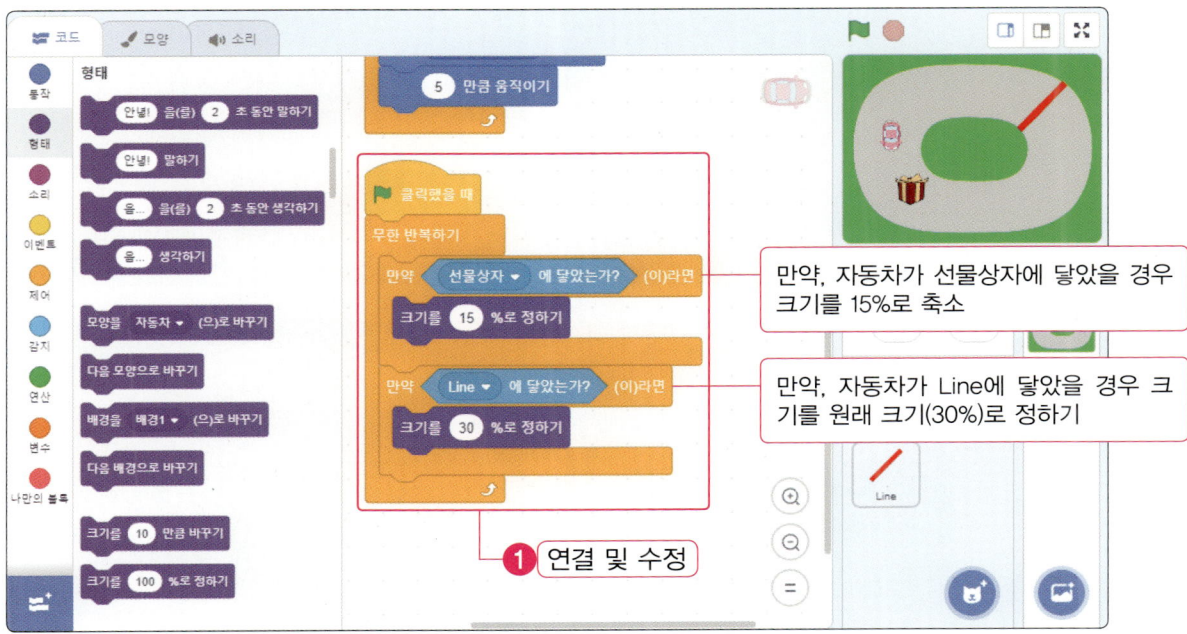

제22장 · 마우스를 따라 다니는 자동차

3 자동차 스프라이트가 **트랙을 벗어날 경우** 자동차 스프라이트의 크기(30%) 및 시작 위치 (X:-150, Y:25)로 바뀌도록 다음과 같이 블록을 연결합니다.

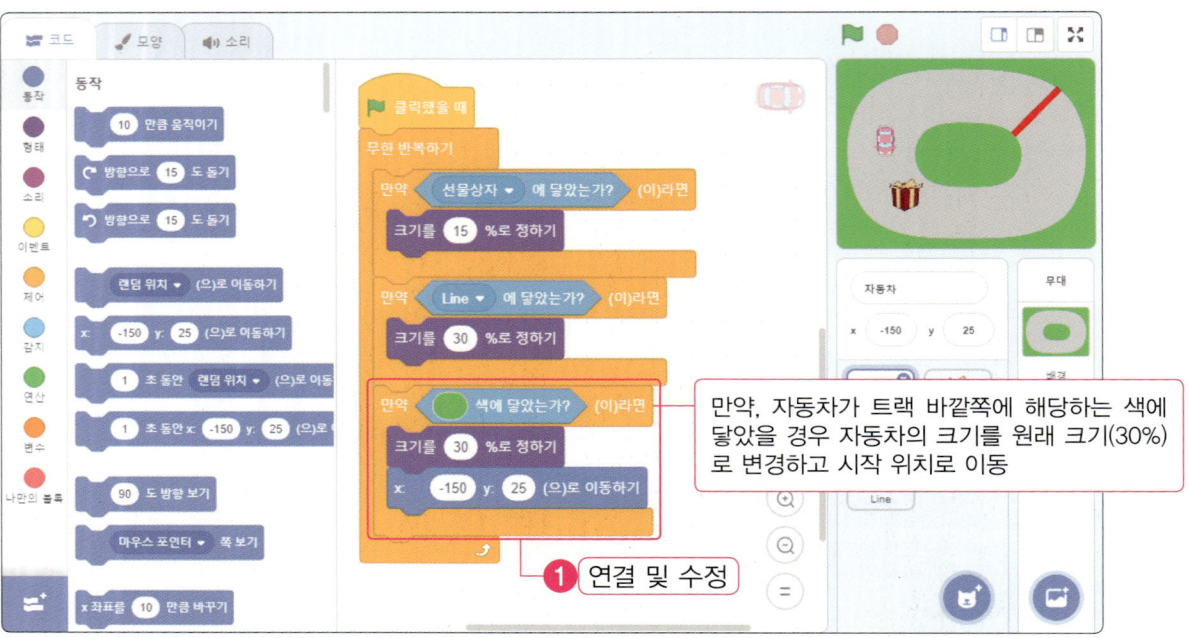

만약, 자동차가 트랙 바깥쪽에 해당하는 색에 닿았을 경우 자동차의 크기를 원래 크기(30%)로 변경하고 시작 위치로 이동

① 연결 및 수정

4 ▶[시작하기]를 **클릭**한 후 마우스를 움직여 자동차가 트랙을 돌며, 선물상자 및 Line, 트랙을 벗어날 때 등을 확인합니다.

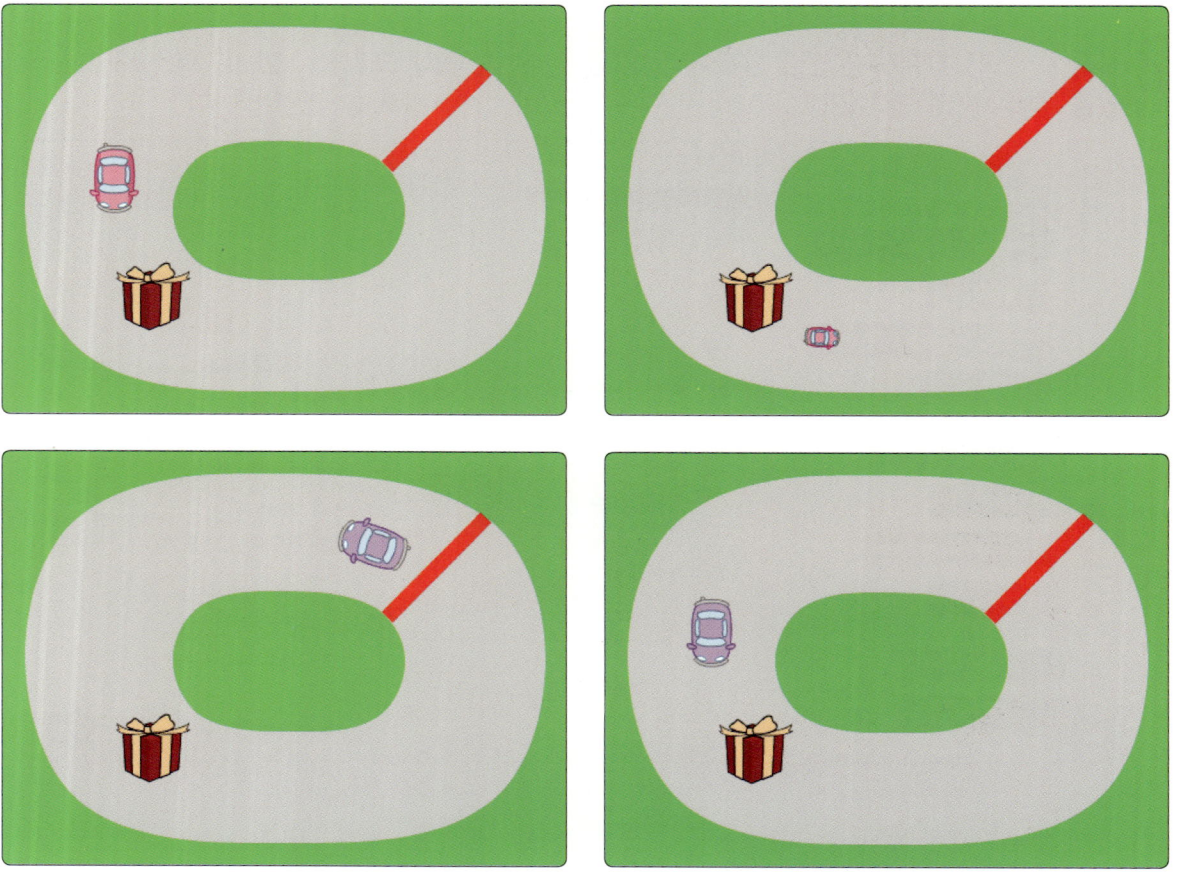

창의력 향상문제!!

추가문제 제공

문제 1 [레이싱.sb3] 파일을 이용하여 아래의 조건으로 코딩을 완성해 보세요.
- 자동차 스프라이트 : [시작하기]를 클릭했을 때 무한 반복하여 마우스 포인터 쪽을 바라보며 이동 방향으로 3만큼씩 이동하기
- 자동차 스프라이트
    - 바나나에 닿았을 경우 자동차 크기를 작게(25%) 바꾸기
    - 잔디에 닿았을 경우 자동차 크기를 기본 크기(35%)로 바꾸기
    - 트랙에 닿았을 경우 자동차 크기를 기본 크기(35%)로 바꾸고 시작 위치(X: -100, Y:-90)로 이동하기

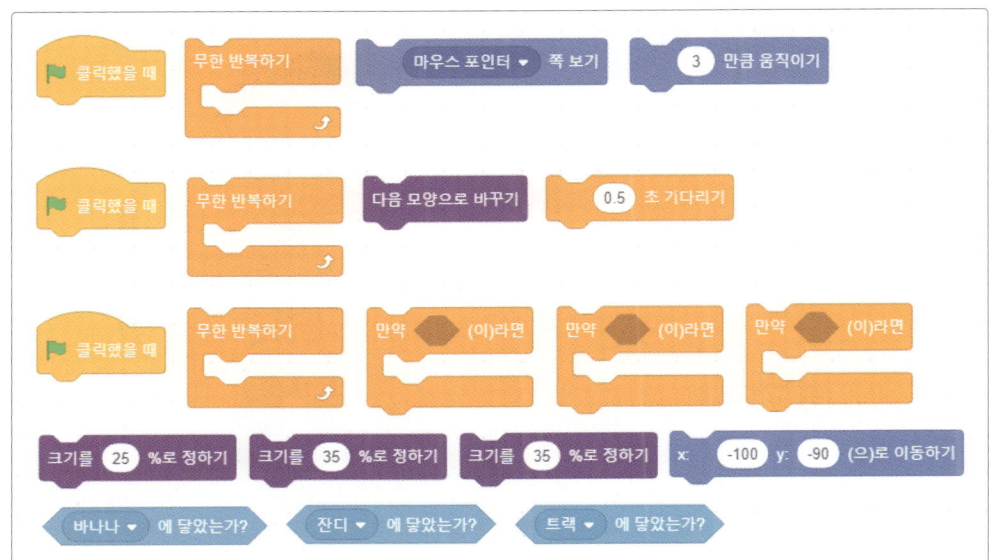

제22장 • 마우스를 따라 다니는 자동차

23 집중력 향상을 위한 알쏭? 달쏭? 페이지

창의적인 생각을 갖고 있는지 테스트 하는 문제입니다. 아래 예제와 같이 그림을 보고 연상되는 단어를 생각하여 정답을 적어보세요.

연상되는 단어 맞추기

예) 1 맘 마 미 아

예) 2 중 노 동

문제 1 ☐ ☐ ☐

문제 2 ☐ ☐ ☐

타이머를 이용한 기록재기

오늘의 놀이
- 타이머를 이용하여 기록을 재는 방법에 대해 배워봅니다.
- 타이머 값의 화면 표시 방법에 대해 배워봅니다.

코딩 포인트 (Coding Point)

핵심 블록 알아보기

팔레트	블록	설명
감지	타이머 초기화	초단위 타이머 값을 초기화합니다.
감지	타이머	초단위 타이머 값을 보고합니다.
연산	apple 와(과) banana 결합하기	첫 번째 값과 두 번째 값을 연결합니다.

제23장 • 타이머를 이용한 기록재기

자동차 스프라이트의 모양 바꾸기

1 프로젝트 파일(기록재기)을 열고 **레이아웃을 변경**한 후 **스프라이트 목록을 확인**합니다.

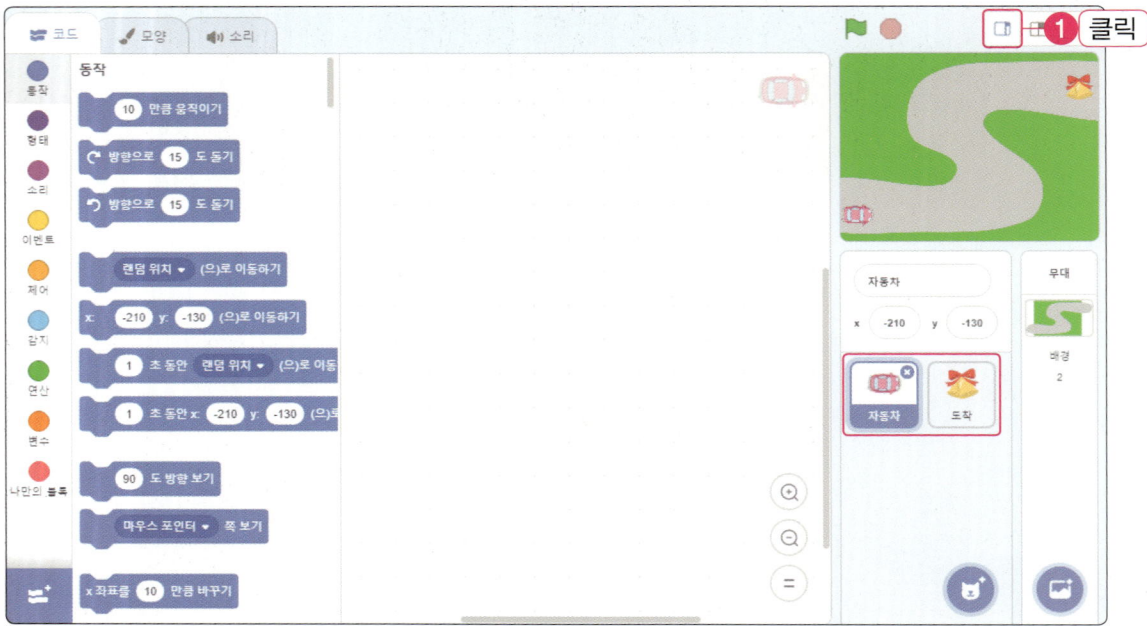

2 자동차의 모양을 0.5초 기다린 후 다음 모양으로 무한 반복하여 바뀌도록 다음과 같이 블록을 연결합니다.

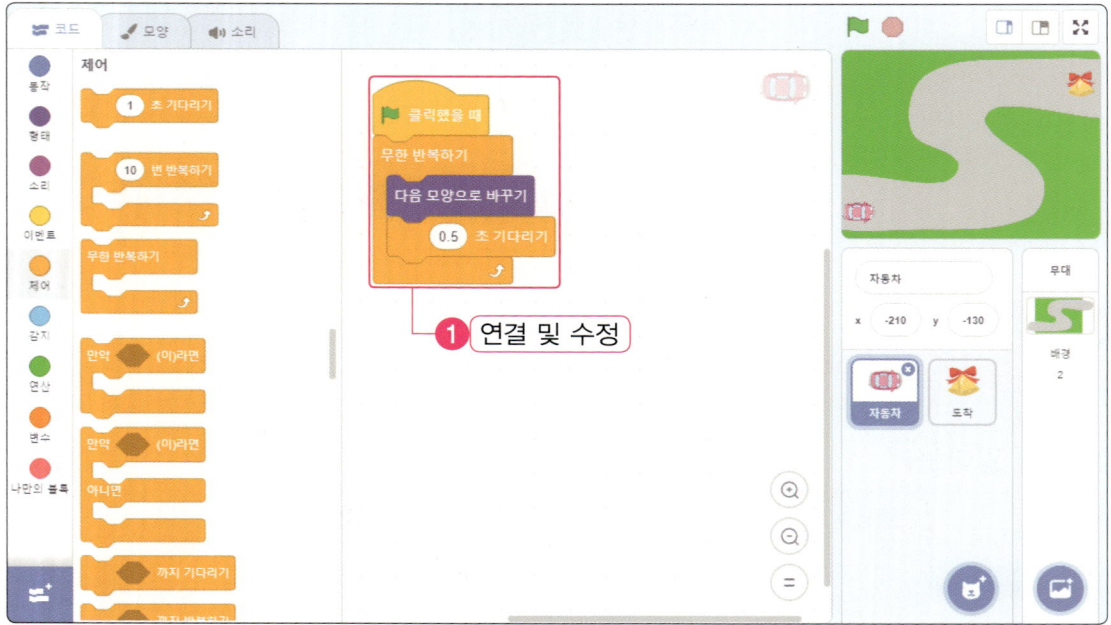

타이머를 이용한 기록재기

1 마우스 포인터에 닿지 않았다면 마우스 포인터 쪽을 바라보며 1~5 사이의 난수 만큼 무한 반복하여 이동하도록 다음과 같이 블록을 연결합니다.

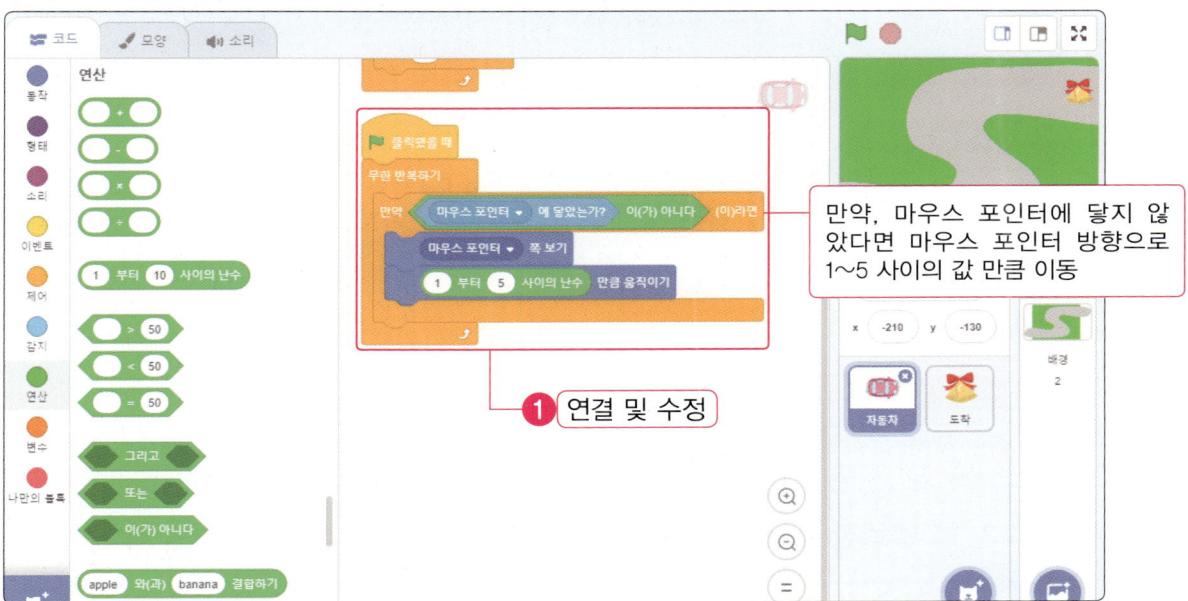

만약, 마우스 포인터에 닿지 않았다면 마우스 포인터 방향으로 1~5 사이의 값 만큼 이동

❶ 연결 및 수정

2 타이머를 초기화한 후 자동차를 마우스 포인터를 이용하여 [도착] 스프라이트에 닿을 때까지의 시간 기록을 측정하기 위해 다음과 같이 블록을 연결합니다.

❶ 연결

❷ 연결 및 수정

TIP
자동차가 도착 스프라이트에 닿으면 타이머는 정지하고 타이머 값을 말하기를 통해 표시한 다음 모두 멈추어 게임을 종료합니다.

제23장 · 타이머를 이용한 기록재기 **139**

3 트랙을 벗어나 녹색에 닿았을 경우 자동차의 시작 위치(X:-210, Y:-130)로 이동하도록 다음과 같이 **블록을 연결**합니다.

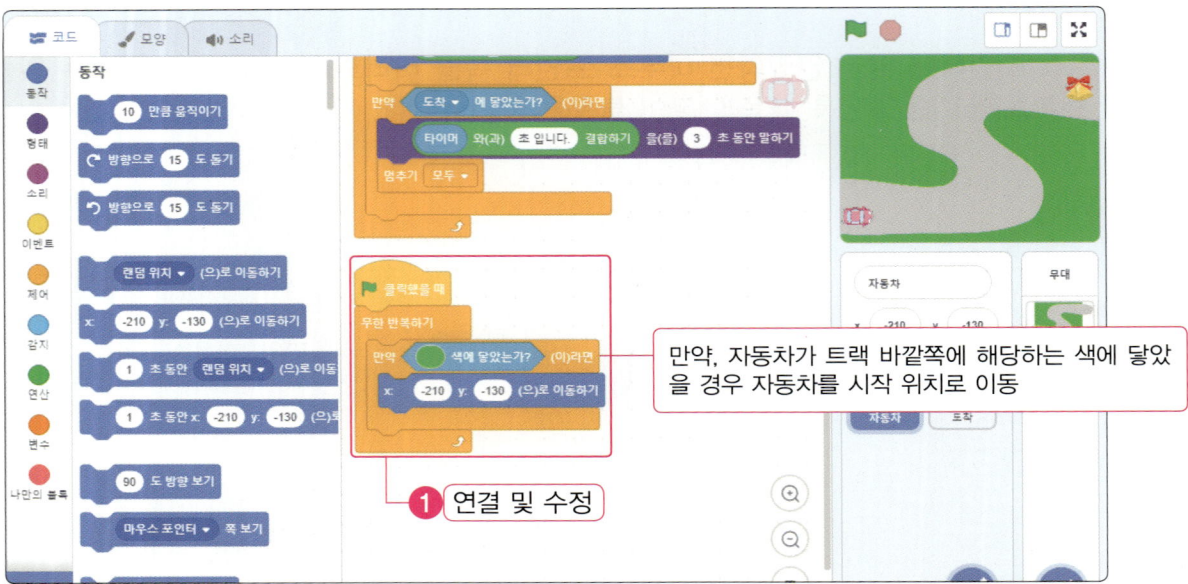

만약, 자동차가 트랙 바깥쪽에 해당하는 색에 닿았을 경우 자동차를 시작 위치로 이동

① 연결 및 수정

4 🚩**[시작하기]를 클릭**한 후 마우스를 움직여 자동차가 결승점까지 도달할 때의 시간을 측정해 봅니다.

💖 창의적 생각 만들기

타이머 실행 창에 표시하기

[코드] 탭의 [감지] 팔레트에서 [타이머] 블록 앞에 체크 표시를 하면 실행 창에 타이머가 표시되며, 블록을 클릭하면 타이머가 초기화된 후 작동합니다.

창의력 향상문제!!

문제 1 [탱크경주.sb3] 파일을 이용하여 아래의 조건으로 코딩을 완성해 보세요.
- 탱크 스프라이트 : [시작하기]를 클릭했을 때 시작 위치(X:-200, Y:-150)로 이동한 후 타이머 초기화하기
- 마우스 포인터까지의 거리가 3보다 크면 마우스 포인터 쪽 보고 3~6사이의 난수 만큼 이동하기
- 만약 빨간색 기둥에 닿았을 경우 시작 위치(X:-200, Y:-150)로 이동하기
- 탱크기지 스프라이트에 닿으면 타이머를 멈추고 타이머 값을 결과 화면과 같이 2초간 표시한 후 모두 멈추기

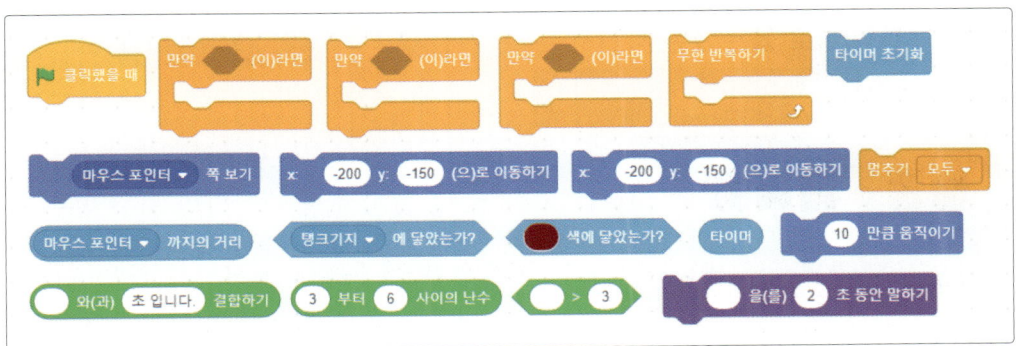

제23장 • 타이머를 이용한 기록재기

종합활동

1. 다음 보기 중에서 저장소에서 소리를 선택하여 소리 파일을 등록할 수 있는 아이콘으로 옳은 것은?

   ① 🔼 ② ✨
   ③ 🎤 ④ 🔍

2. 다음 보기 중에서 '야옹' 소리를 내면서 다음 블록을 진행할 수 있는 블록으로 옳은 것은?

   ① 야옹 ▼ 재생하기
   ② 야옹 ▼ 끝까지 재생하기
   ③ 야옹 말하기
   ④ 야옹 생각하기

3. 다음 보기의 블록을 이용하여 적용할 수 있는 효과로 옳지 않은 것은?

   ① 색깔 효과를 적용할 수 있다.
   ② 밝기 효과를 적용할 수 있다.
   ③ 그래픽 효과를 지울 수 있다.
   ④ 반투명 효과를 적용할 수 있다.

4. 다음 보기의 블록을 실행했을 경우 연주되는 음계와 박자로 옳은 것은?

   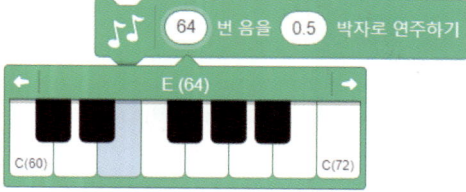

   ① [미] 음계와 반박자
   ② [도] 음계와 한박자
   ③ [미] 음계와 한박자
   ④ [도] 음계와 반박자

5. 다음 보기의 블록을 실행했을 경우의 설명으로 옳은 것은?

   ① 마우스를 클릭하면 펜을 올리고 그림을 그린다.
   ② 마우스를 클릭하면 펜을 내리고 그림을 그린다.
   ③ 마우스를 클릭하지 않을 경우 펜 모양의 그림을 찍는다.
   ④ 마우스를 클릭하지 않을 경우 펜을 내리고 그림을 그린다.

6. 다음 중 스프라이트의 모양을 실행 창에 이미지로 찍어 표시하는 블록으로 옳은 것은?

   ① 보이기 ② 모양을 모양 1 ▼ (으)로 바꾸기
   ③ 도장찍기 ④ 모두 지우기

7. 다음 보기의 블록을 실행했을 경우 설명으로 옳은 것은?

   ① 쥐에 닿았다면 모두 멈추기
   ② 쥐에 닿았다면 조건블록 아래 명령 실행하기
   ③ 쥐에 닿지 않았다면 모두 멈추기
   ④ 쥐에 닿지 않았다면 조건블록 아래 명령 실행하기

8. [머핀찾기.sb3] 파일에서 [쥐] 스프라이트가 머핀을 찾을 때까지의 시간을 측정하는 게임에서 블록의 빈 공간을 채워 게임을 완성해 보세요.

MEMO

Lesson 4에 도전해 보세요~